# 仕事の速い人は150字で資料を作り3分でプレゼンする。

「計って」「数えて」「記録する」業務分析術

坂口孝則

幻冬舎

# 仕事の速い人は150字で資料を作り3分でプレゼンする。

「計って」「数えて」「記録する」業務分析術

# はじめに

Ａ４ノートの左端に「スタート」と書いた。ぼくの耳には、さきほどの交渉が聞こえてきた。交渉上手な先輩の隣で、ＩＣレコーダーを使ってそっと録音したものだった。次にぼくは「挨拶」と書いた。先輩と相手が世間話をしている。「ここから」。いよいよ価格交渉がはじまった。

当初、相手が出してきた見積りは６００万円だった。交渉が終わるころには、４００万円になっていた。わずか1時間。先輩は２００万円もの価値を生んだ。

先輩はなにを語り、なにを訊き、どうやって説得し、相手をどこに導こうとしているのか。ＩＣレコーダーから流れてくる音声を聞きながら、あれこれ書いているとノートは真っ黒になった。先輩が話した時間、相手が話した時間。先輩が発した質問内容、相手の受け答え。交渉の運び方。どの発言が相手を動かしたのか。どの説得手法が有効だったのか。

その先輩のなにが優秀なのか。

交渉上手といわれていた先輩たちの交渉20回ほどを分析していた。

上司がやってきて、「お前なあ、そんなことやっとる奴、ほかにおらんぞ」といった。

「そりゃそうでしょうね」とぼくはいった。ぼくはぼくが極端だと思った。ふつうひとは、優秀なひとを見たら、優秀ですね、と感じるだけで、それ以上の分析をしようとはしない。交渉上手な先輩がいたとして、わざわざ録音して言葉と内容を確認しようとはしない。

ぼくは極端なことを通じて、よのなかの仕組みを解明したかった。


「仕事は教科書どおりにいかない」

大学を卒業後、ぼくはあるメーカーで働きはじめた。はじめての私の上司は、ぼくに繰り返しそう語った。仕事なんて例外だらけだ。答えなんかない。出来事への柔軟な対応が必要だ。それがぼくへの唯一のメッセージだった。

最初の会社で、ぼくは資材係になった。資材係とは、メーカーの生産に必要な部材を買い集める仕事だ。難しくはない。社内から設計図が届き、そこに記載されている部材について、業者から見積書を入手したり、価格を交渉したり、納期を調整したりする仕事だった。

安い業者を使ったら、品質が悪い。品質のよい業者を使ったら、価格が高い。どちらもすぐれている業者を使おうと思ったら、「おたく程度の数量では販売できません」といわれた。毎分のように電話が鳴り響き、調達品の価格が高いだの、不良品が多いだの、納品が遅れすぎて生産できないなど、苦情を受け続けた。なるほど、「仕事は教科書どおりにいかない」とは、上司が実感から紡ぎだした本音だった。

でも、仕事をうまく進めるなんの手段もないのだろうか。

ぼくは上司に訊いてみた。「そもそも教科書ってあるんですか」。上司は「そんなもん、あるか」と怒った。教科書もないのに、教科書どおりにはいかないという。たとえば、さきほど紹介したとおり資材係の主な仕事の一つに価格交渉がある。もちろん、状況はさまざまだし、相手との力関係もあるだろう。それでも、誰かが交渉したら１００円にしかならないのに、違う誰かが交渉したら90円になる。これほどの不思議はなかった。そして、それほど重要な仕事なのに、教科書すらない状況に驚いた。

**「そうか教科書を作ればいいんだ」**

**そう気づいたぼくは、さっそく交渉上手といわれていた先輩たちの隣に座りＩＣレコーダーで録音を開始した。**

なんらかの答え、仕事がうまくいく方程式は、目の前にあるはずだった。

ぼくは次々に仕事の分析をはじめた。みんなが曖昧に思っていることに、思考の補助線を与えていく。仮説や理論を与えていく。資材・調達・購買の仕事をはじめて5年たつころには、仕事の分析ノート・走り書きがダンボール何箱ぶんもたまっていた。28歳のときに一冊にまとめ出版した。資材をテーマにしたものだったから、ぼくのことを50代か60代の著者と思ったひとが多い。でも実際は、分析や仮説構築の好きな20代にすぎなかった。

そこからぼくは仕事を分析しては本にする作業を25回もやってきた。

## 仕事を分析してはじめてわかることがある。

多くのひとは、中小企業診断士の勉強をしたりだとか、MBAを取得したりだとか、自分の知らない世界に仕事の答えを求めようとする。でもぼくは自分がまさにやっている仕事そのものにヒントが隠されていて、誰もそれに気づかないと思ってきた。

さきほどの交渉のヒントは、おって説明していく。ただ、ここでぼくがまず伝えたいのは、目の前を徹底的に分析する有効性と、少なくともぼくがそれでうまくいった事実だ。

ぼくはこれまでずっと、ミクロの不思議さにこころ奪われてきた。

そして極端な思考や方法論にも、ずっとずっとこころ奪われてきたのだ。

この本は仕事において「計る」「数える」「記録する」の重要性を語る本だ。

ぼくは仕事をゲームと考えている。与えられた条件をもとに、いかに効率的にこなし、効果的に結果を残していくか。

ゲームをクリアしているひとたちは、他のひとたちとなにが違うんだろうか。それは攻略法を知っているかどうかにあるはずだ。なんらかの情報がそのひとに入ってくる（インプット）。そのひとは、その攻略法を使って、その情報を書き換える（アウトプット）。それは無意識かもしれない。ただ、そのアウトプットを捻出するなんらかの術があるはずだ。文化人類学者のグレゴリー・ベイトソンはこのことを「ＤＭＤ」（The difference makes the difference～「違いをもたらす違い」）といった。

料理は美味しい味を出すまでに何度も試行錯誤を重ねる。ただ、レシピさえあれば、誰かが試行錯誤のうえに実現した味をすぐに再現できる。そこに才能は関係がない。レシピさえあればすぐに、すぐれた能力の料理人と同格になれる。

とすれば、すぐれたひとたちの「ＤＭＤ」を収集すればいいんだ。そう思うまでに時間はかからなかった。モチベーションとかやる気とかの精神論ではなく、具体的かつ定量的なレシピ。ぼくのレシピ探しは、職場という遊び場からはじまった。

せっかく遊ぶなら、職場で愉しんだほうがいい。仕事をクリアできたほうがいい。

定性的とは感覚や印象で分析するさま。定量的とは、文字どおり、量や数字で分析するさま。**定性的に考えられていることを、「計る」「数える」「記録する」ことで定量化していく。仕組みを解明していく。それを模倣する。そうすれば成果があがる。**

簡単にいえば、それが本書の主張だ。ここから

・第1章ではプレゼンやレポート
・第2章では文章
・第3章では交渉や人間関係
・第4章ではスピーチや講演

のそれぞれ「計る」「数える」「記録する」を説明していきたい。

誰もが知らない事実を、自分だけが分析によって知るという愉悦。「DMD」(The difference makes the difference ～「違いをもたらす違い」)を知り、レシピを集め、ゲームの攻略法を創りあげることは、前述のとおり、誰よりも仕事を愉しむことにつながる。

そりゃ、分析はいろいろと面倒くさい。ただ、なんだってひとよりも愉しむためには、それなりの時間が要る。ただいったん分析してしまえば、その後のさまざまな場面で応用ができる。それに、話のネタにだってなるだろう。

ではさっそくはじめたい。

# 目次

第2章

# 文章がうまい人は、メッセージをどう絞るのか？

# 第3章

## 営業がうまい人は、一ヶ月に何回顧客に会いに行くのか？ …… 125

# 第4章 講演がうまい人は、何パターンネタをもっているのか？

第1章

# プレゼンのうまい人は、何ポイントで資料を作り何分話すのか?

①
プレゼンや資料では25のストーリーと、20の型を作ればうまくいく。

②
資料を3分割して内容を配置したり、2フォントサイズ、矢印、グラフのルールを覚えたりすればよりすぐれたものとなる。

③
その「型」はメール返信にも応用できる。

テーマ 1

# 資料を作る前にストーリーチャートを必ず作成する

## 資料作成前に5つの項目を明確にする

「結局のところ、俺になにをしてほしいんだ?」

ぼくは仕事柄、さまざまな企画書や提案書を見る機会が多い。その多くが、ご丁寧な説明とセットになっている。説明が長々と続き、「ということで、私たちの説明を終わらせていただきます」と相手は語る。

そして長い沈黙。先方は、こっちの反応が不安で焦っている。

こちらは「うーん」としかいいようがない。なぜか。内容が不明瞭な場合もあるけれど、その企画書なり提案書なりで、結局ぼくたちになにをしてほしいのかわからないのだ。新商品やサービスの売り込みがある。……で？　これの購入を検討してほしいのか？　あるいは感想をいってほしいのか？　それとも販売先を紹介してほしいのか？　「ご興味おありですか？」と相手は訊いてくる。なぜそれほど無意味な提案をしているのか、そのひと自身に興味はある。でも、企画書や提案書には関心も興味もない。

あるひとは、企画書や提案書によって、聞く人に感動を与えたいという。でも、ほんとうにそうなら、企画書や提案書が最適だろうか。ＡＫＢ48なんかのチケットを渡したほうが、よっぽど感動を与えるだろう。あるいは、闇夜で背後から襲ったほうが、多くの驚きを与えるだろう。

これ以降、企画書・提案書・報告資料・レポート等々の「計る」「数える」「記録する」仕事術をお伝えしていきたい。だけど、実際の定量的な資料作成方法を語る前に、まずはじっくりと頭で企画書や提案書の存在意義を考えるクセをつけておきたい。その資料の目的は何か、誰にいいたいのか、どんなことを伝えたいのか、どんな順番・構成にして、どんな媒体で語りたいのか。

みなさん、記憶にないだろうか。あなた、あるいは部下、あるいは同僚が資料を作成して、それを上司に見せたときのこと。これがダメ、あれがダメといわれて、資料が作り直しになってしまった場面を。資料作成者の時間がムダになってしまう。部下は上司を恨むかもしれない。上司も部下を「なんでこんな資料を作成するんだよ」と蔑《さげす》むかもしれない。

でも、これは両者とも間違っているんだ。なぜならば、資料作成前に、その資料の存在意義を確認していなかったからだ。〈図1〉には、5つの項目である「目的」「対象者」「メッセージ」「ストーリー（構成）」「媒体」を書いている。**すべての資料は、作成前に、これら5つのボックスを埋めることができなければならない。**これが明らかじゃない資料は、冒頭の「なにをしてほしいんだ？」資料になってしまう。資料の「目的」が曖昧なまま作成したって、曖昧な印象をもたれて終わりだ。

そして、注意してほしいのは、「対象者」のところだ。相手の担当者にたいして、社長決裁が必要な内容の判断を迫ったって、しかたがない。逆に、社長にたいして、担当者に聞いてもらうべき細かな内容を語っても、どうしようもない。

また、自分が提案・説明しようとしている内容について、相手はどれだけ詳しいんだろうか。詳しい

| 項目 | 内容 |
| --- | --- |
| 目的 | |
| 対象者 | |
| メッセージ | |
| ストーリー | |
| 媒体 | |

〈図1〉

相手に、一からご丁寧に説明したって、退屈にさせるだけだ。無知なひとに、高度概念をいきなり説明しても、相手はちんぷんかんぷんだろう。

もう一つの軸は、自分自身だ。提案・説明しようとしている内容について、自分自身はどれくらい精通しているのだろうか。たとえば、あなたがコンサルタントだったとしよう。クライアントのメーカー企業を何度か訪問して、特定製品の生産効率が悪い事実を発見したので、解決策提案の機会があったとする。その生産効率悪化要因・解決策に、あなたはどのくらい詳しいのだろうか。経験値が豊富で、自信満々に指摘できるのだろうか。あるいは、仮説段階なんだろうか。自分自身が仮説段階なのに、当事者で専門家の相手に、解決策を語っても「そんなことわかってんだよ。そんなことが簡単にできりゃ、誰も苦労しねえよ」と思われるのがオチだ。

相手と自分の特性から、語るべき内容が変化するとわかる。〈**図2**〉では、「資料を聞く側」と「資料

| 区分 | | 資料を聞く側 | |
| --- | --- | --- | --- |
| | | 資料内容に精通 | 資料内容に無知 |
| 資料を説明する側 | 経験値豊富 | **行動の喚起**<br>課題は両者が把握済<br>・具体的なアクション<br>・体制<br>・スケジュール<br>の確認 | **解決策の伝達**<br>課題の正確な伝達<br>・課題・解決策への理解<br>を乞う<br>・効果の伝達 |
| | 仮説段階 | **課題確認**<br>課題の設定<br>・仮説の伝達<br>・仮説の真偽確認<br>・その他の問題点確認 | **課題創出**<br>課題の両者合意<br>・協力体制の合意<br>・仮説の精度確認 |

〈図2〉

を説明する側」にわけた。そうすると、2×2＝4タイプの資料があることがわかる。もちろん、厳密に4つに分類できるわけじゃない。でも、これを意識するのが、相手にたいする「優しさ」とぼくは思うのだ。

そして対象者に応じた「メッセージ」を記載する。

## A4の1枚にストーリーチャートを記載しよう

次に、「ストーリー」の明確化だ。これは、別紙を使って記載すればいい。

さきほど5つの項目の「メッセージ」までを記載していたはずだ。そのメッセージを〈図3〉の上に書いてみる。そして、このメッセージを伝えるのに、もっとも効果的な構成を考えるのだ。これが、ストーリーチャートだ。この〈図3〉に記載しているのは、あくまで例であるものの、「現状説明」「問題点

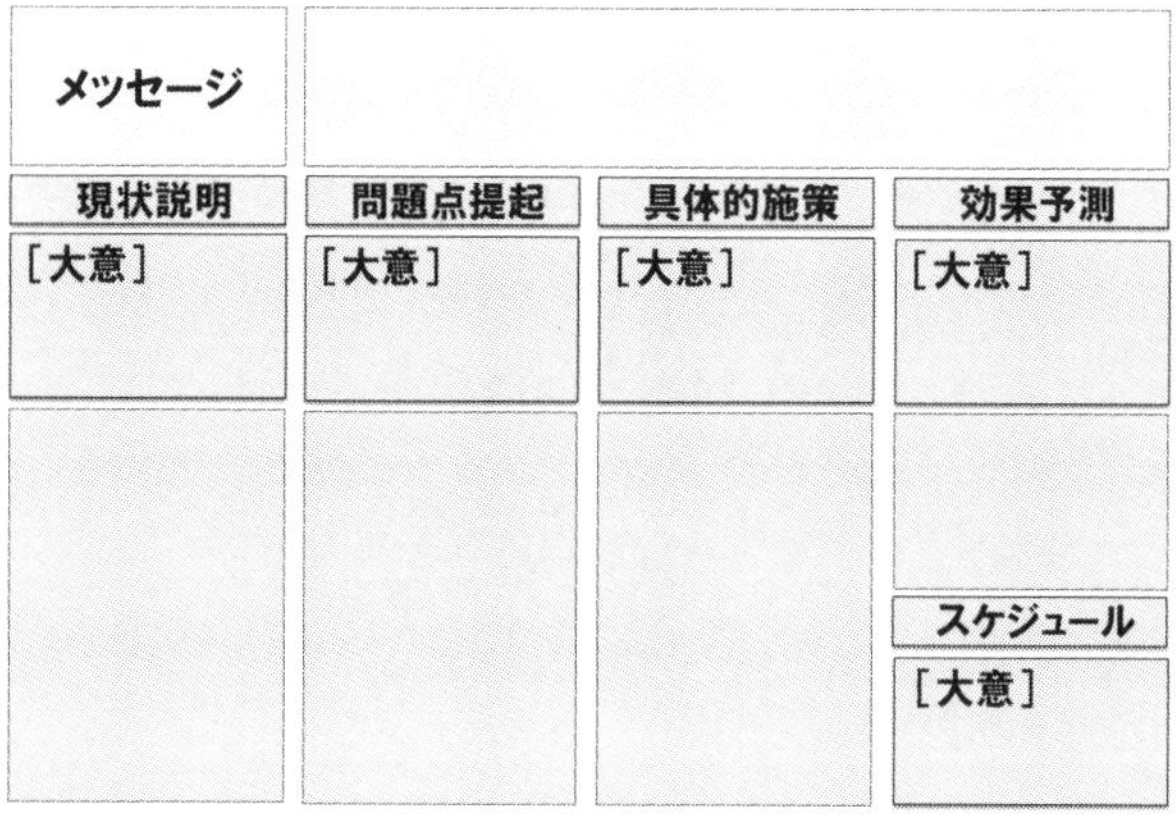


〈図3〉

提起」「具体的施策」「効果予測」「スケジュール」と流れている。その下にある「大意」とは、文字どおり、ここでなにを語るかを概要として記載するものだ。

さらに、下のボックスには、材料を書いてほしい。材料ってのは、説明するときに表示するデータやグラフ・一覧表とかだ。大意で書いた内容を導くために、なにを挙げればよいかを記載する。

サンプルとして、ぼくが本業である「調達組織改革」の資料を作成したときのストーリーチャートを紹介する〈**図4**〉。

それで、ふたたび5つのボックスに戻ってみよう。残るは「媒体」だ。媒体とは、ワードがいいのか、エクセルがいいのか、パワーポイントがいいのか、印刷物がいいのか、CDに焼いて郵送したほうがいいのか、あるいは相手には口頭で説明したほうがいいのか。その選択だ。

ほとんど意味がないのに、なんでもかんでもワードやパワーポイントで資料を作ろうとするひとがい

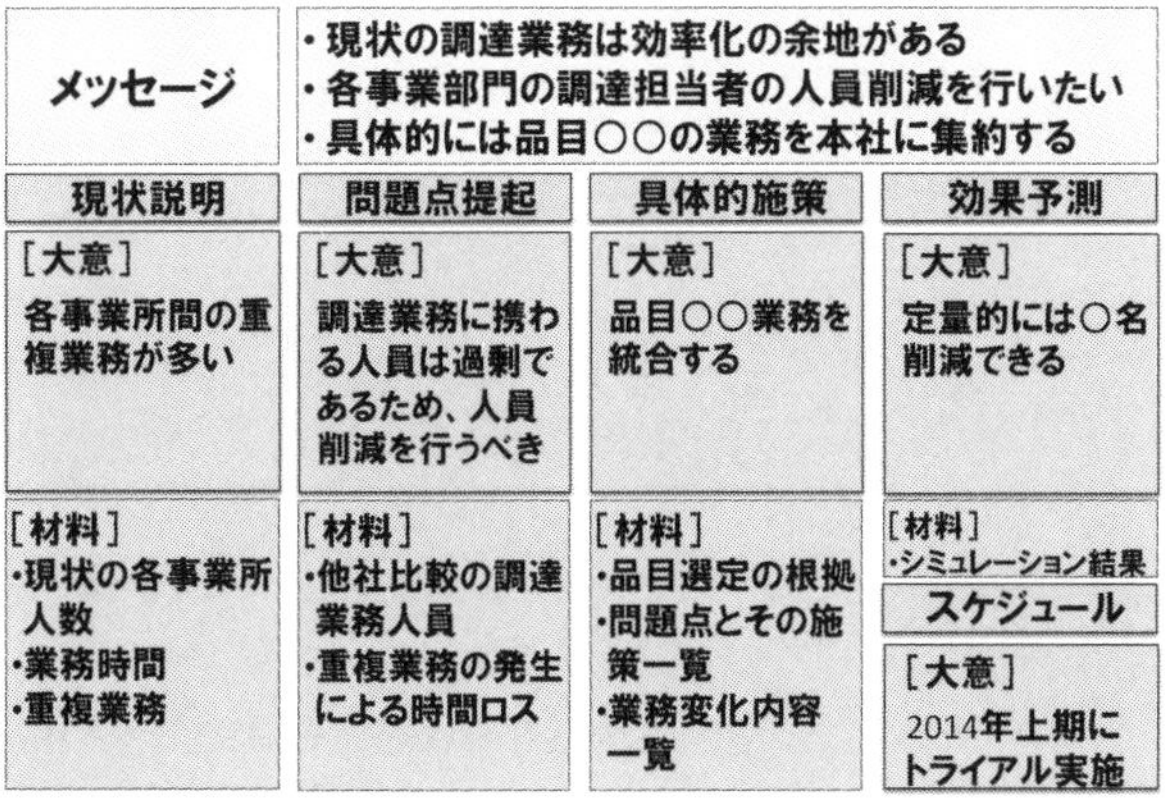

| メッセージ | ・現状の調達業務は効率化の余地がある<br>・各事業部門の調達担当者の人員削減を行いたい<br>・具体的には品目○○の業務を本社に集約する ||||
|---|---|---|---|
| 現状説明 | 問題点提起 | 具体的施策 | 効果予測 |
| [大意]<br>各事業所間の重複業務が多い | [大意]<br>調達業務に携わる人員は過剰であるため、人員削減を行うべき | [大意]<br>品目○○業務を統合する | [大意]<br>定量的には○名削減できる |
| [材料]<br>・現状の各事業所人数<br>・業務時間<br>・重複業務 | [材料]<br>・他社比較の調達業務人員<br>・重複業務の発生による時間ロス | [材料]<br>・品目選定の根拠<br>・問題点とその施策一覧<br>・業務変化内容一覧 | [材料]<br>・シミュレーション結果 |
| ||| スケジュール |
| ||| 2014年上期にトライアル実施 |

〈図4〉

る。ワードやパワーポイント何十枚の資料はほんとうに必要なんだろうか。その媒体でなければ、「目的」を果たせず、「対象者」に「メッセージ」を伝えられないんだろうか。そもそも資料ではなく、目的を果たすためには、口頭で熱っぽく語ったほうがいいんじゃないか。あるいは、飲み会の席でワイワイ騒いで、「弊社の商品を選定お願いします」と一筆箋を添えてワイロを渡したほうがいいんじゃないか（もちろん、極端な例だ）。それらを考えたうえで、効果的な媒体を1つ記載する。

その熟考の果てに、やはりワードやエクセル、パワーポイントで資料を作成することになったとき。もし余力があればさらに、ラフイメージを白紙に手書きしておくことだ。ラフでかまわない**〈図5〉**。概要さえわかれば

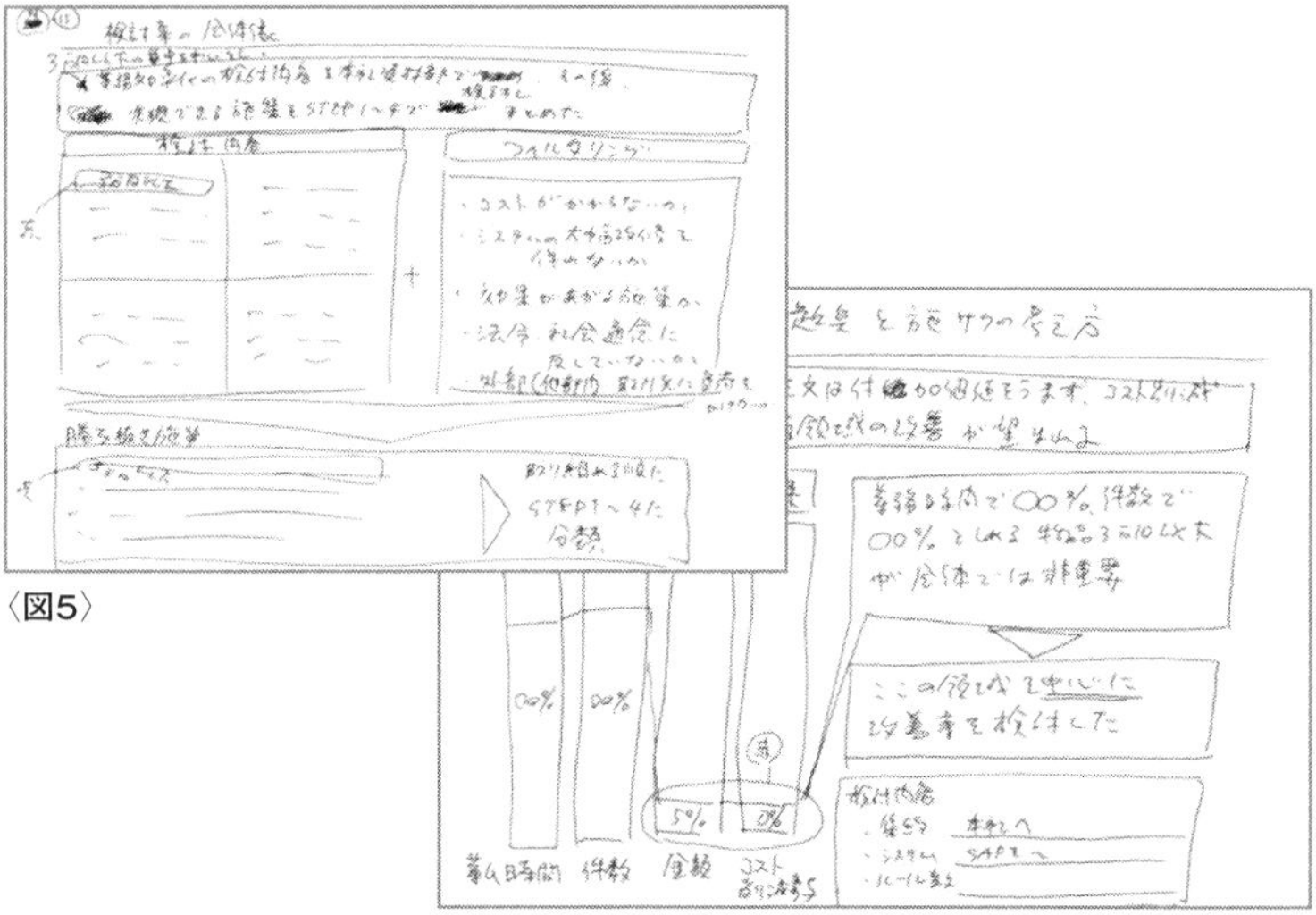

〈図5〉

いい。

そして、最後に、

・5つのボックス
・ストーリーチャート
・ラフイメージ

**これら3つを関係者全員で合意してから、資料を作成しはじめることだ。**逆に、この段階で関係者が納得できなければ、資料を作成する意味はないといえる。どうせ資料を作ったって、弊履《へいり》と化す。最初はこんな事前準備が面倒に感じるかもしれない。ただ、ぼくの経験からいえば、これら3つを準備したほうが、圧倒的に早く・速く資料を作成できる。

そしてここまでやっておけば、自動的に資料の目次が完成するだろう〈**図6**〉。

〈図6〉

このように関係者と合意しておけば、誰も文句をいえなくなる。そして、あなたを信頼するひとが増えていく。考えてみれば、資料を依頼したら、完成するまでどんなものが出てくるかわからない「運を天に任せる」型社員よりも、あらかじめ完成物が予想できる社員のほうに仕事を頼みたいと思うだろう。

## ビジネスマンの作るストーリーチャートは25個に集約される

そして、5つのボックス、ストーリーチャートを記載したら、どこかパソコンのフォルダ1箇所に保存しておけばいい。ビジネスマンは多種多様な資料を作成している。だけど、内容を分類したら、せいぜい25に集約できる。

この根拠は絶対的なものではなく、経験値だ。しかし、1人のビジネスマンの仕事は、大カテゴリーで5つ程度にわけることができる。その5つをさらに細分化しても、5つ程度。したがって、5×5＝25だ。これは、1人のビジネスマンが取り扱う商品・サービス数でいっても同じことだ。これも経験値であるものの、商品は大カテゴリーとして5つに分類でき、それらカテゴリーごとの商品を細分化しても、5つ。よって、5×5＝25だ。

サンプルとしてぼくがコンサルタントとして扱っているサービスを分類してみた。やはり、25個でおさまった（次頁―〈**図7**〉）。

ということは、資料の大枠は25しかない。ぼくの例でいえば、お客に提案するサービスが25個なのだから、25のストーリーチャートを用意しておけば、毎回そのたびに考えるのではなく、自らの過去の仕事を模倣すればいい。これ以降、資料一枚一枚の「型」の模倣方法を述べていく。それと同時に、資料全体の構成や流れといった大枠は、お決まりがあると述べておいた。

仕事を一過性のものにしてしまうのはもったいない。一度やった仕事の再活用を考え続けてみよう。これが、「計る」「数える」「記録する」仕事術の基礎となるものだ。

| C | D | E |
|---|---|---|
| 評価・マネジメントセミナー<br>ライヤマネジメント<br>：調達・購買部門の新任者～マネジメント層向け<br>ックスに特化した応用から発展までを伝達 | 応用・現場学セミナー<br>・調達・購買担当者のための「海外調達入門」セミナー<br>・「サプライヤ工場の見方、改善指導のやり方」セミナー | アドバンスドセミナー<br>・調達・購買実務者の意識改革セミナー<br>・購買契約書作成セミナー<br>・調達・購買部門のためのリスクマネジメントセミナー<br>・間接材・サービス商材購買業務改革セミナー |
| 購買部門調査サービス<br>部門組織調査<br>戦略調査<br>C調査<br>査を実施<br>連携によって情報収集<br>じてヒアリング等により各種情報を収集 | サプライヤ情報提供サービス<br>・サプライヤ与信調査 | 海外情報提供サービス<br>・ISM等海外調達時流調査<br>・海外ベストプラクティス調査<br>レポートの定期発行→  |
| 備・ 間接材 直接材<br>設定<br>サプライヤ<br>べき項目<br>の見積書<br>を設定 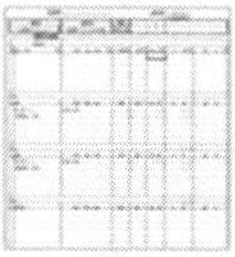 | ソーシング実行 間接材 直接材<br>・サプライヤ検索、価格交渉支援を実施。リバースオークション等も利用することによってコスト削減を具現化 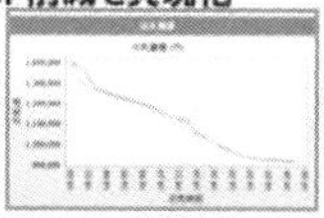 | コストテーブル整備 間接材 直接材<br>・コストドライバー分析やコスト構造分析を実施し、サプライヤのコスト構造を明らかにし継続・永続的なコスト削減を実現化 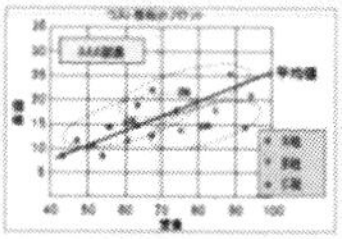 |
| 戦略の立案<br>評価結果を元に、それぞれヤをいかにくか、いかにしていくかを  | サプライヤ定例ミーティングのフォーマット策定<br>・サプライヤと強力なSCMを作るための定期的なミーティングを実施。フォーマットを策定  | サプライヤ借入金比率、財務調査<br>・サプライヤのP/L、B/Sから財務安全度を調査。外部調査機関によらず調達・購買部門へのノウハウ移植を実施 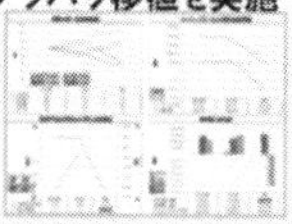 |
| と新役割を現場に浸透<br>の組織評価軸を設定。ま  | ナレッジマネジメント<br>・組織内での情報備蓄を具現化。コスト削減ノウハウやサプライヤ情報等の共有を実現  | 集中購買<br>・全社購買主体の見直しを含め、集中購買を推進  |

| | A | B | |
|---|---|---|---|
| 人材教育 | 基礎セミナー<br>・製造業調達・購買担当者のための「調達・購買業務基礎」セミナー<br>・非製造業調達・購買担当者のための「調達・購買業務基礎」セミナー | コスト削減・交渉セミナー<br>・調達・購買担当者のための「コスト削減の基本と見積り査定入門」セミナー<br>・調達・購買人材向け交渉力 | サプライヤ<br>・実践サプ |
| | ・対象者：調達・購買部門の新任者～中堅向け<br>・基礎から調達・購買の中心業務であるコスト削減を伝達 | | ・対象者<br>・各トピ |
| 調査・研究 情報提供 | ノウハウ提供<br>・調達・購買・資材業務書籍発行<br>・未来調達研究所のコスト削減事例提供サービス<br> | 調達・購買ベンダー向けサービス<br>・調達・購買システム他社ベンダー調査<br>・商材、システム市場規模調査 | 他調達・<br>・他社購買<br>・他社購買<br>・BPO、SS |
| | | ・各企業の欲する内容・情報に応じて調<br>・未来調達研究所のパートナー企業との<br>・また調達・購買部門のネットワークを通 | |
| コスト削減 | 支出分析 間接材 直接材<br>・購買実績・経理データ等から調達品目のABC分析を実施<br>・コスト削減余地を分析<br>・コスト削減効果を予測<br>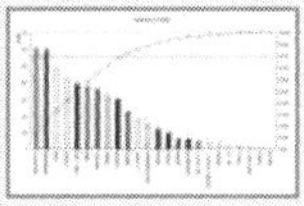 | 戦略・発注方針作成 間接材 直接材<br>・品目のマーケット状況、支出内容、自社内のサプライヤシェア状況等からソーシング・価格交渉戦略等を検討<br> | 見積書整<br>評価手法<br>・各品目で<br>から入手す<br>や、集計後<br>評価手法 |
| サプライヤ マネジメント | サプライヤマップ整備<br>・品目ごと、事業部門ごとのサプライヤ・調達金額一覧の作成<br>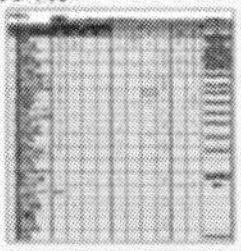 | サプライヤ評価の仕組みづくり<br>・サプライヤを公平・公正に評価するための評価軸・評点手法を設定<br>・サプライヤをランク付け、選択と集約を実施<br>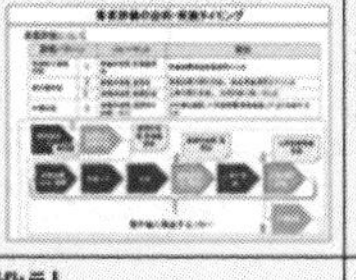 | サプライヤ<br>・サプライヤ<br>のサプライ<br>活用してい<br>取引を停止<br>検討 |
| 組織改革 プロセス設計 | 現状業務調査<br>・調達・購買部門の人員の業務を分析し改善余地を調査<br> | 業務プロセス設計<br>・理想と現状のギャップを分析し、業務プロセスを再設計。また、組織の役割見直しを実施<br> | KPI設定<br>・新プロセス<br>させるため<br>た現場業務<br>要項を作成 |

〈図7〉

テーマ 2

# わかりやすいと感動した資料は、枠やフォントを定規で測って模倣する

## すぐれた資料を20とおり集める

ぼくは会社に入社してから資材係になったといった。この職場ではさまざまな資料が飛び交っていた。ただ、そのなかでも一番重要なのは、「どこの取引先からなにをいくらで購入するか」を説明する資料だった。資材係とは、メーカーの生産に必要な部材を買い集める仕事だと説明した。その仕事のキモとなる資料だった。

もっとも単純にやろうと思えば、「3社から見積りを取った。A社がもっとも安かった。A社から購入する」と書けばいい。だけど、そんな資料では、上司が納得しない。実際に、

そう書いて持っていったら、「相見積りを取るだけであれば、バイトの兄ちゃんでもできる」といわれて、資料を破られた（ほんとうに破られた）。

どうとでも説明できる資料は、作成者によってその優劣がさまざまだ。一発で資料を通す先輩もいれば、何度もやり直している先輩もいた。もちろん、「なにを話すか」よりも「誰が話すか」が重要な側面は否定しない。ダメな社員だと刻印を押された先輩は、説明する前から勝負に負けている。

ただ、ここでこう考えた。優秀な先輩のたましいが、ダメな先輩のたましいに乗り移ったらどうなるだろう。バカげた仮定だけど、きっとそのダメな先輩は、優秀な先輩に変わるだろう。なぜなら、優秀な先輩が作る資料の「型」、説明の「型」があるはずだから。

ぼくはさらにこう考えた。社員は全員が機械である。優秀な社員A機械に材料を入れると、すぐれた商品ができあがる。ダメな社員B機械に材料を入れると、劣った商品ができあがると。では、前者はすぐれた商品を作るために、どんなプロセスを経ているのか。それをそのまま模倣してレシピを作り上げようと考えた。

まず、優秀な先輩の「どこの取引先からなにをいくらで購入するか」を説明する資料をぼくは集めた。会社は面白いところで、資料が見放題だ。しかも、作成者に質問すれば、なぜかほとんどのひとが丁寧に教えてくれる。

前節で、25のストーリーチャートを用意するといった。その25のストーリーチャートに使う資料の中身も、20ていどの型があればじゅうぶんだ。ぼくは20枚くらいの資料を集めて、それを眺めていった。つまり、資料一枚一枚の具体的な型も20ていどを使いまわしてできあがっている。それを活用すればいい。まず形から入る姿勢が重要だ。ぼくは印刷された資料をそっくりそのまま新たにパソコンで作りはじめた。

まずは枠を作った。印刷する。そして、お手本の資料を重ねあわせて蛍光灯にあてた。ミリ単位でズレていると、それを修正し、ぴったり重なるまで続けた。次にフォントだ。多くは「MS明朝」か「MSゴシック」を使っていたけれど、それも印刷してたしかめた。エクセルでも、ワードでも、パワーポイントでも、タイトルや本文の文字の大きさをそのまま真似ていった。色使いも何度も印刷し直してたしかめた。1枚は縦何行になっているか、横何文字になっているかを指で数え、印刷余白も定規で測った。

もちろん、最初から作成者に頼んで電子ファイルを入手すればよいだろう。ただ、このときの模倣が訓練になった。それ以降、セミナーなどでよい資料に出会うと、資料の「型」の模倣が容易だった。

そして、ぼくの前には、20とおりの、そっくりそのままのコピー資料が完成した。サイズから、タイトルから、内容から、グラフから、なにからなにまでそっくりのやつだ。ぼくはこのとき、仕事のフォーマットを作り上げた。あとは、これを自分の仕事に適用すればいいだけだ。

## 内容ではなく、資料の型を先に決める

ぼくは、「どこの取引先からなにをいくらで購入するか」を説明する資料を例としてあげた。これは読者の多くの仕事とは無縁だろう。ただ、この資料を模倣するスキルはなんの仕事でも使える。無鉄砲に資料を作成してはいけない。すでに成功確率の高い資料を模倣する以上の方法はない。

お手本にする資料のコピーができたら、それを部分にわけて赤でマルをつける。それで自分なりにそのブロックには「なにが書かれているか」を追記していく。これは最初のうちは不慣れでかまわない。やや抽象的な思考が必要だけれど、すぐに慣れていく。あくまでぼくが分析した前述の資料だけど、こういう構造だった。

- この調達品の取引先を決める重要性
- どの取引先に決定するかの結論
- 品質・コスト・納期に関する他社と比べた定量的優位性
- この取引先を選定した際のメリット

まあ、こんな構造だった。繰り返し、読者はサンプルとしてお読みいただければいい。そして、自分の仕事にあてはめるときには、この資料の型をそのまま使って、この順番そのままに、そして文の長さやグラフなども、そっくりそのまま盗用する。自分の資料ではグラフは不要だと考えてはいけない。**書く内容が型を規定するのではなく、型が書く内容を規定するのだ。**

たとえば、「この調達品の取引先を決める重要性」のところでお手本とする資料が5行ぶん書かれていたとする。それを3行や6行にしてはいけない。5行ちょうどで書く。なにかデータが引用されているところでは、自分の資料でも同じようなデータを引用する。計算式があるところでは、計算式を同じく使って書く。

こうすると、論理展開から形式まで、すべて先哲たちのエッセンスが詰まった新資料が誕生する。資料作成がヘタなひとたちは、自分で一から作ろうとする。それは時間のムダであるばかりではなく、先人たちへの敬意を忘れている、とぼくは思う。

そして、型を作ったあとは、それぞれフォーマット資料として保存しておこう。これもぼくの例だけれど、パソコンに入っているのは次のようなものだ。

## ・企画書フォーマット

・提案書フォーマット
・プロジェクトスケジュール設定フォーマット
・市場分析資料フォーマット
・問題・課題提示フォーマット
・新概念説明フォーマット

……などだ。これらを作っておけば、新規作成時すぐに型にあてはめられるようになる。

**書く内容が型を規定するのではなく、型が書く内容を規定するのだから。**

そして、この考えが身につけば、会議の場は違ったものになる。これまで他者が提出する資料は、読むだけのものだった。セミナーでも、講師の資料はただのテキストだった。しかし、これからは自分の資料「型」を増やしてくれる機会となる。働くみんなは毎日、必死で伝わる資料を考えている。つまり、ぼくのために、代わりに頭脳労働をしてくれているのだ。世界はぼくのための実験場だ。

「ほう、これはわかりやすい資料だ」。そう語るひとがいる。そのときこそ、「ぼくのためにありがとう」と心のなかでお礼を述べるべきだ。「計る」「数える」「記録する」仕事術は、そうやってはじまる。

# わかりやすい資料の各種具体的数字

ぼくが見るかぎり、もっともわかりやすいワード資料は、

- １枚縦36行、横40文字
- タイトルのフォントサイズ12pt、本文のフォントサイズ10.5pt
- タイトルのフォント名、本文のフォント名ともに、「MS明朝」
- ヘッダー上から15㎜、フッター下から17.5㎜
- 見出しには、中見出し「■」を使い、小見出しは「●」を使っている

上記の条件に合致したものだ。そして、１枚、あるいは２枚に（あまることなく）ぴったりにおさまるべきだ。

また、もっともわかりやすいパワーポイント資料は、

- 余白は、上は中心から7.8㎝と、下は中心から8.6㎝。左右は中心から12㎝
- タイトル・本文のフォント名はHGP創英角ゴシックUB、あるいは、HG創英角ゴシックUB、数値はArialかTahoma。大きさは、タイトルが23pt以上、本文は20pt以上（プロジェクターの大きさによるものの、教室サイズで後ろの人がなんとか読める）
- 基本は白をバックに、黒で結論、内容は濃い青、データは黒で、結語も黒で締める

おなじく、上記の条件に合致したものだ。参考にしてほしい。

テーマ 3

# プレゼン資料は画面を3分割して配置する

## プレゼン資料の作成技術がますます大事になっている

ぼくはいま、いわゆる自由業だ。フリーともいう。フリーとは「好き勝手」の意味があるけれど、どちらかというと「タダ」の意味が強い。会社員と違って、会社にいるだけでお金にはならない。くだらない打ち合わせに呼ばれて、時間ばかり浪費したときはとても後悔する。自由業の自由とは、相手に自由に使われる意味かもしれない。

とくに自由業のぼくからすると、会社員が会社にあるノウハウについて無頓着で驚愕する。ノウハウとは、多くは資料に結実している。自由業者だったら時間をかけていられない書類様式一つひとつも、ずっと熱心に考え続けている社員がいる。もちろん、それは暇人が多いからかもしれないけど、他の社員が自分の代わりに頭脳労働をしてくれている事実の意味は大きい。

会社員のひとたちがもっとも会社から学ぶべきは、ひごろ接していて、普段はなんとも思わない書類様式一つひとつにある。他社員が作っているプレゼン資料だっていくらでも見放題だ。フリーではなかなかそうもいかない。

ぼくが以前に働いていた会社は、パワーポイント文化の会社だった。ひごろ社員の手元にまわってくる資料は前節のようにワードで作ったものだ。ただ、複数人にたいし同時に説明するときは、すべてパワーポイントで資料を作成せねばならなかった。プロジェクターでスクリーンに映しだし、立って説明をおこなう。毎日がプレゼンテーションの連続だった。もちろん、プレゼンテーションをそもそもやるべきか否かはそれぞれ会社で検討すべきだろう。

はじめ、プレゼンテーション資料の作り方がわからず、ワードファイルの画像をそのまま貼り付けた。すると、「バカ野郎、それなら資料を読めばいいだろ」といわれ、数人が出ていった（ほんとうに出ていった）。聞き手も、ワードで作った資料を読めばいい。あえて説明の場をセッティングするのだから、ワード資料のなかでも強調したいところや、重要なところを、抜き出してあざやかに表示するべきだ。

プレゼンテーション相手は社内にかぎらない。いま、ますます人前で話す機会が多くなっている。ビジネスマンであれば、週に一度くらいはなにかを説明するだろう。取引先の前かもしれないし、展示会などで道行く人に訴えかける場面もある。さまざまなバックグラウンドのひとがいる。彼らにワード資料をすみずみまで読んでくれといっても、そもそも興味がない。そんな場合に、いかにプレゼンテーション資料をうまく作り、効果的に見せるかが重要になる。

いま、プレゼンテーションが流行だ。有名なところでは米国ＴＥＤが、プレゼンの名士たちを集めイベントを開催している。同団体は、プレゼンテーションをエンターテイメントにした。この団体のイベントでは、政治家から、科学者、哲学者、経済学者……、さまざまなひとたちがプレゼンテーションをおこない、その巧みさをアピールする。なるほど、一冊の本を読んでもらうより、プレゼンテーションで訴えかけたほうが、より魅力を伝えられる。

プレゼンテーションや講演における、話し方や動きなどはのちの章で説明する。ここでは、そのプレゼンテーション資料の「計る」「数える」「記録する」仕事術を見ていこう。

もちろん、題材はこれまでとおなじくみなさんのまわりに転がっている。

## 作るべきプレゼン資料は「メッセージ型資料」と「完結型資料」の2つ

プレゼンテーションや説明の場面において「プレゼンター」と「画面の情報」の2要素がある。まず、ぼくはプレゼンテーション資料には2つの種類があると思った。前者にウエイトをおくものと、後者にウエイトをおく2種類だ。

その前者・後者を記述すると、次のようになる。

**1．資料にメッセージだけを表示し、口頭説明を主とするもの（「メッセージ型資料」）**

**2．資料に必要情報を網羅し、口頭で補足をおこなうもの（「完結型資料」）**

プレゼン資料を作成しようとするひとは、作るべきものがこの2つのうちどちらかをわけておこう。講演での資料は、1．が多い。画像1つに、一文か二文のメッセージをくわえるシンプルなものだ（「メッセージ型資料」）。そして、その他のプレゼンテーション時に多いのは2．で、たとえ口頭での説明がなかったとしても、資料さえ読めば理解できるものを目指さねばならない（「完結型資料」）。口頭での情報は、あくまでも理解の補助役となる。

この2つの使い分けは、「メッセージ型資料」が、考え方、思想、戦略、概念などを伝えるときに使う。「完結型資料」は、細かなデータやグラフなどを伝えたいときに使うものだ。

そこで、「メッセージ型資料」と「完結型資料」にそれぞれシンプルなやり方があるので、それを紹介したい。

## (1―①)メッセージ型資料の基本は縦と横を3分割すること

この資料を作成する際には簡単なルールがある。それは画面を縦横それぞれ3分割して、その交点4つのうち対角線上の2つに、対象物を2つおくことだ。これは、ガー・レイノルズ著『プレゼンテーションzen』(ピアソン・エデュケーション刊)で有名になった、3分割法だ。

パワーポイントを使っているのであれば、画面を右クリックして「グリッドとガイド」を押す。そして、「ガイドを表示」にチェックを入れる。そうすれば、点線のガイドが出てくる。そして、縦と横のガイドをそれぞれ左クリックしながら「Ctrl」キーを押せば、ガイドが増える。

縦に2つのガイド、横に2つのガイドがあれば、画面をそれぞれ3分割できる。パワーポイントは縦が19・05㎜、横が25・4㎜、だから6・350㎜、8・467㎜が1つの大きさとなる。パワーポイントでは、中心からの長さを指定するので、縦は3・175（＝6・350㎜÷2）、横は4・234㎜（≒8・467㎜÷2）あたりを指定すればいい。

そうすると、交点が4つできる。その交点のうち、上2つのどちらかにメッセージを載せる〈**図1**〉。そして、その交点から斜め下の交点にサブメッセージをおけばいい。そうすれば、3分割を利用した黄金率資料となる。

この「サブメッセージ」とは画像やグラフ・図などでもよい〈**図2**〉。その場合は、画像の中心となる箇所を黄金率の交点にもってくるのだ。このシンプルな法則を守るだけで、資料はグンと綺麗に思える。画像ではなくグラフや図だった場合も同様だ。

定量的な仕事術といいながら、なぜこの比率でメッセージや画像・グラフ・図をおいたほうがいいか。それに絶対的な根拠はない。しかし、少なくともぼくは3分割によって作成された資料は美しく感じる。みなさんの社内でまわっている資料のうち、美しいと思うものがあったらなによりもまず配置を調べよう。美しさの基本は、「配置」「色」「フォント」の3要素にある。「色」と「フォント」は前節で述べたとおり、お手本とそっくりおなじになるように模倣していく。「配置」に関しては、対象物の中心点が、縦横から計測

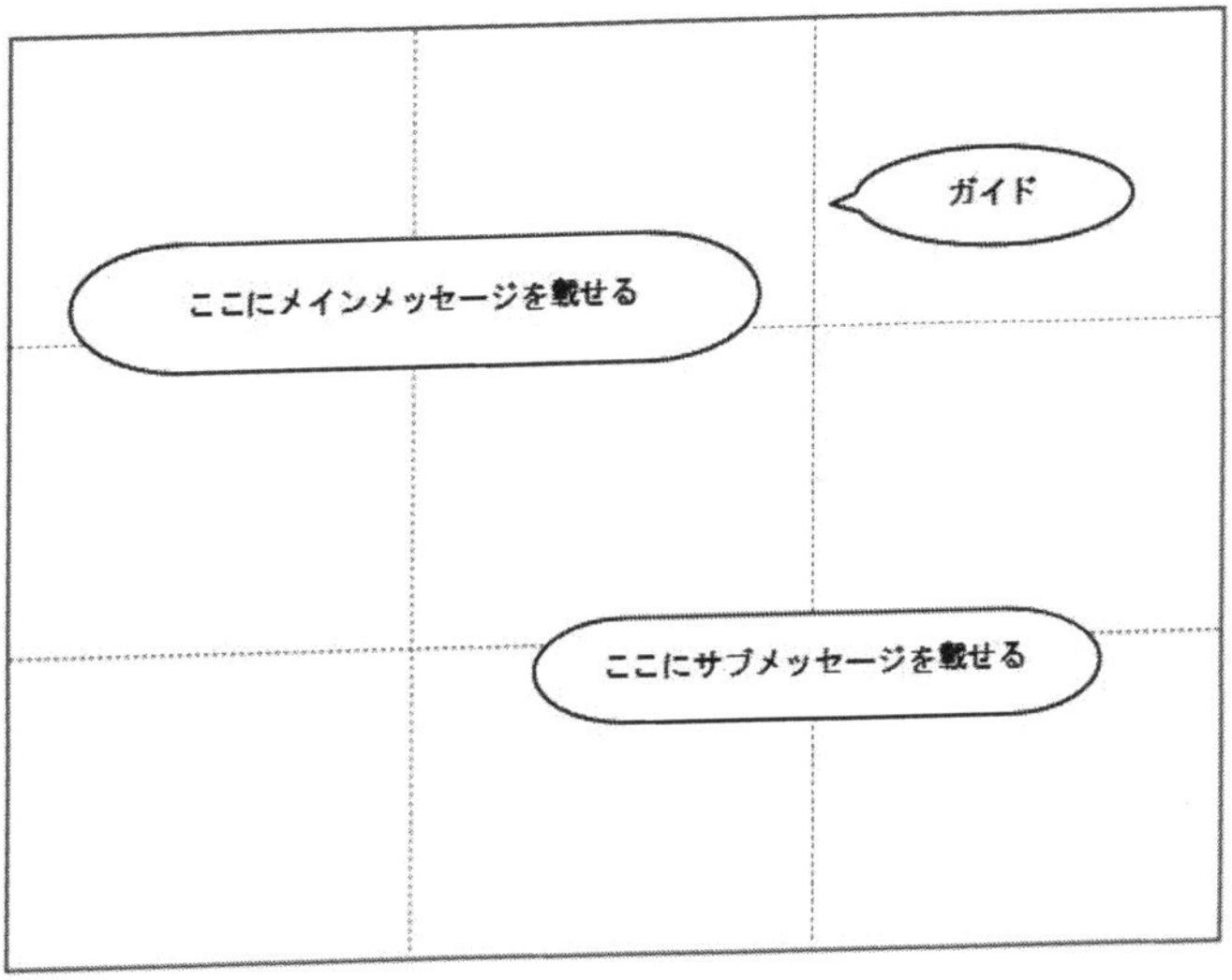
ガイド
ここにメインメッセージを載せる
ここにサブメッセージを載せる

〈図1〉

愛の対義語は
相手への無関心だ
ーマザー・テレサー

〈図2〉

して何センチのところにあるかを知ればいい。多くは前述の3分割による黄金率にしたがっている。

## (1―②)すぐれたプレゼンターのメッセージ型資料をダウンロードする

くわえて、この「メッセージ型資料」で写真が必要になったときは、iStockPhoto (http://nihongo.istockphoto.com/) か、Flickr の Creative Commons (http://www.flickr.com/creativecommons/) を使えばいい。前者はすぐれた写真を販売している。後者では、商業利用できるものとできないものなどいくつかの制約の下に写真を無料公開している。この2つのサイトにかぎらず、写真が手に入るサイトがあるのでチェックしておこう。あとはアマナイメージズ (http://amanaimages.com/) や、ゲッティイメージズ (http://www.gettyimages.co.jp/) などで、センスの合うページをいくつかブックマークしておけばいい。

この仕事術の基本はすぐれた他者の模倣にあると繰り返していってきた。その意味で、TEDは模倣対象の宝庫だ。興味があればTED (http://www.ted.com/) のホームページで多くのプレゼンターの資料を研究するとよい。

また、より資料そのものにフォーカスしたい場合は、SlideShare (http://www.slidesh

are.net/）がある。これは、多くのプレゼン資料をそのまま掲載し、ダウンロードが可能なページだ。英語がほとんどではあるけれど、デザインがたいへん参考になる。気に入ったものがあれば、おなじく構造・システムを模倣するとよい。ＰＤＦでの配布のため、文字列はコピーしてパワーポイントなどに貼り付ければ、フォントの分析が可能だ。

メッセージ型の資料は、見た目の完成度がモノをいう。見た目の崩れた資料であれば、内容も同等程度かと思ってしまう。美しい構成の資料であれば、プレゼンターの話を聞いてみようと思うだろう。

すぐれたプレゼンターは、センスではなく、なんらかのルールにしたがって資料を作成していると考えよう。「はじめに」で説明したＤＭＤ（The difference makes the difference～「違いをもたらす違い」）を探し、そのとおりに模倣してみること。

ぼくは資料作成に異常な時間をかける姿勢は賛成しない。しかし、ルールと型さえもっていれば、美しい資料がすぐにできる。

## （2）完結型資料の基本は両端あわせとすべてを四角で囲むこと

次に「完結型資料」だ。これは「資料に必要情報を網羅し、口頭で補足をおこなうもの」だった。すなわち、資料が（できれば1枚で）完結していて、説明はあくまで理解を補助するものでなければいけない。「メッセージ型資料」の主役がプレゼンターにあるのだとしたら、「完結型資料」の主役は資料そのものだ。

この「完結型資料」はさまざまな形式が考えられるものの、覚えておくべきは2つしかない。それは、

**・資料のなかのコンテンツとコンテンツの配置を揃えること**
**・できるだけコンテンツを四角で囲むこと**

の2つだ。すごくシンプルで、たいしたことがないと思うかもしれないけれど、試行錯誤しこれらを発見するまでにめちゃくちゃ時間がかかった。この2つさえ守っていれば、大半の資料が綺麗になる。

具体的に説明しよう。

次頁〈**図3**〉のような資料があったとする。

この資料は、なにかの提案をしているものだ。内容は主旨ではないので見なくてもかまわない。この資料は前述の2原則に反している。というのも、資料の右端と左端があって

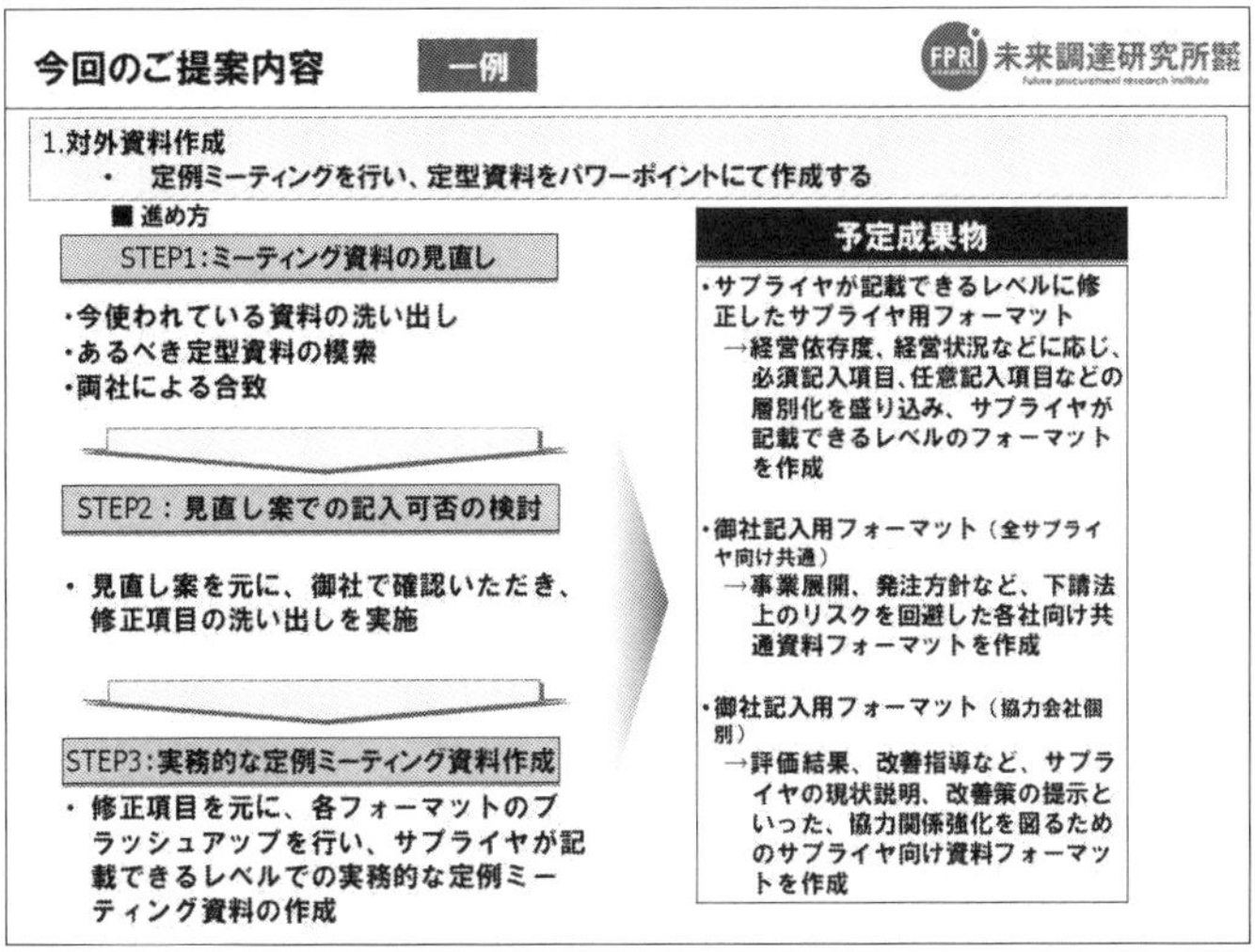
今回のご提案内容
一例
未来調達研究所
1.対外資料作成
・ 定例ミーティングを行い、定型資料をパワーポイントにて作成する
■ 進め方
STEP1：ミーティング資料の見直し
・今使われている資料の洗い出し
・あるべき定型資料の模索
・両社による合致
STEP2：見直し案での記入可否の検討
・ 見直し案を元に、御社で確認いただき、修正項目の洗い出しを実施
STEP3：実務的な定例ミーティング資料作成
・ 修正項目を元に、各フォーマットのブラッシュアップを行い、サプライヤが記載できるレベルでの実務的な定例ミーティング資料の作成
予定成果物
・サプライヤが記載できるレベルに修正したサプライヤ用フォーマット
→経営依存度、経営状況などに応じ、必須記入項目、任意記入項目などの層別化を盛り込み、サプライヤが記載できるレベルのフォーマットを作成
・御社記入用フォーマット（全サプライヤ向け共通）
→事業展開、発注方針など、下請法上のリスクを回避した各社向け共通資料フォーマットを作成
・御社記入用フォーマット（協力会社個別）
→評価結果、改善指導など、サプライヤの現状説明、改善策の提示といった、協力関係強化を図るためのサプライヤ向け資料フォーマットを作成
〈図3〉

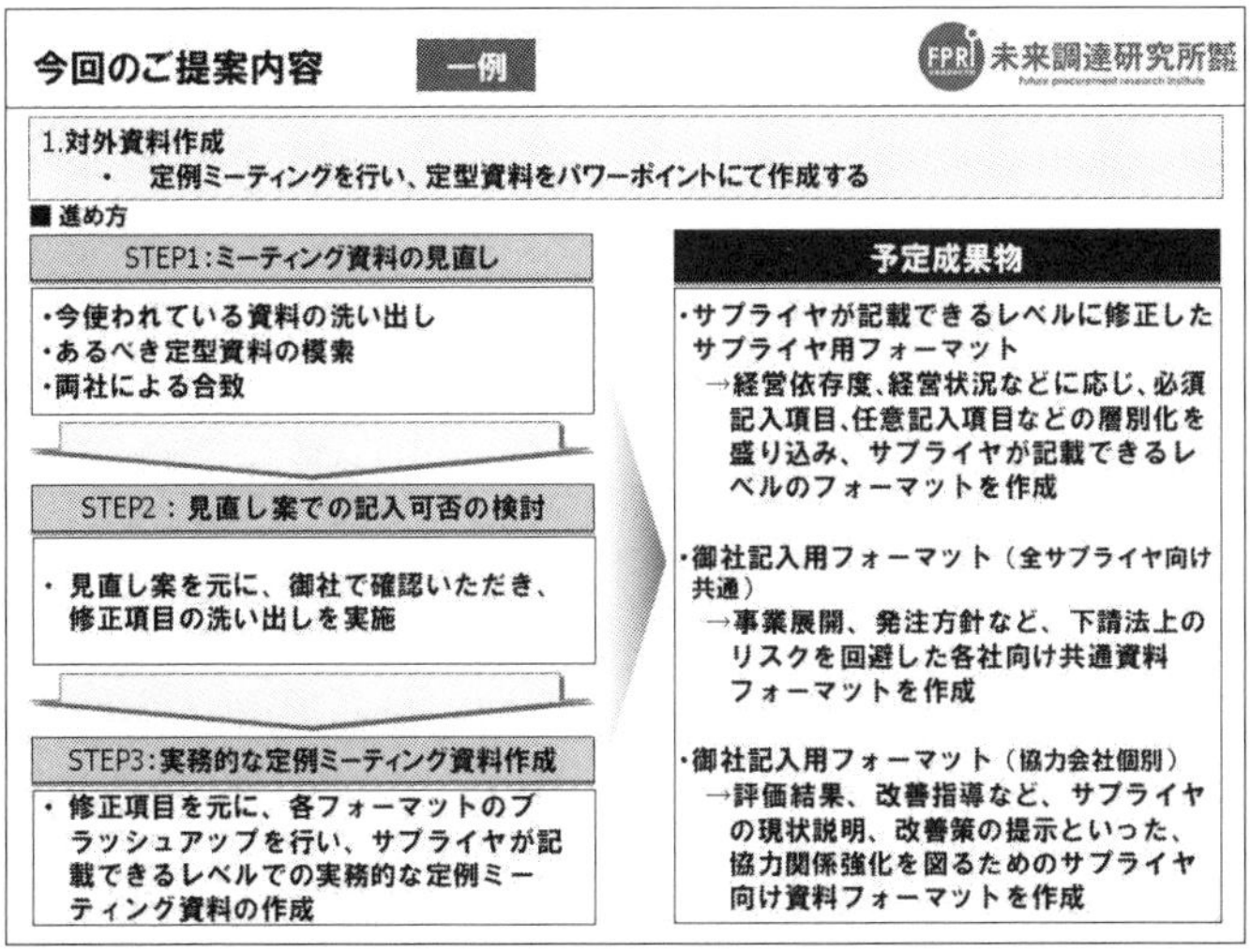
今回のご提案内容
一例
未来調達研究所
1.対外資料作成
・ 定例ミーティングを行い、定型資料をパワーポイントにて作成する
■ 進め方
STEP1：ミーティング資料の見直し
・今使われている資料の洗い出し
・あるべき定型資料の模索
・両社による合致
STEP2：見直し案での記入可否の検討
・ 見直し案を元に、御社で確認いただき、修正項目の洗い出しを実施
STEP3：実務的な定例ミーティング資料作成
・ 修正項目を元に、各フォーマットのブラッシュアップを行い、サプライヤが記載できるレベルでの実務的な定例ミーティング資料の作成
予定成果物
・サプライヤが記載できるレベルに修正したサプライヤ用フォーマット
→経営依存度、経営状況などに応じ、必須記入項目、任意記入項目などの層別化を盛り込み、サプライヤが記載できるレベルのフォーマットを作成
・御社記入用フォーマット（全サプライヤ向け共通）
→事業展開、発注方針など、下請法上のリスクを回避した各社向け共通資料フォーマットを作成
・御社記入用フォーマット（協力会社個別）
→評価結果、改善指導など、サプライヤの現状説明、改善策の提示といった、協力関係強化を図るためのサプライヤ向け資料フォーマットを作成
〈図4〉

いない。この資料のなかにはコンテンツがいくつかあり、バラバラに配置されている。

そこで、2つの原則を守ると、〈図4〉のような資料になる。

1つ目は「資料のなかのコンテンツとコンテンツの配置を揃えること」だった。そこで、コンテンツのなかで、もっとも左側に配置されているものはどれか、そしてもっとも右側に配置されているものはどれかと考える。この資料でいえば、上におかれたメッセージラインがそれにあたる。

したがって、すべてのコンテンツをその右端と左端にあわせる。

次に、「できるだけコンテンツを四角で囲むこと」だった。この資料では、箇条書きの部分が3箇所もある。これは資料を締まりなくする要因だ。そこで、問答無用に囲んでいく。

どうだろうか。もちろん、もっといろいろな修正が必要と思うかもしれない。ただし、これだけの処理でも、だいぶ印象が異なるはずだ。すべてのコンテンツの対象物の右端と左端を揃え、かつ四角で囲む。これだけで、端正な資料が完成する。

# 中身がない資料も両端あわせ、すべての四角囲みでごまかす

本節の冒頭で、ぼくが考える自由業の不自由について述べた。くわえて、自由業は他の社員に確認してもらえない欠点がある。たとえば、ぼくが資料を作ったとして、その良し悪しを確認してくれるひとはいない。ただ、会社員であれば、同僚があれこれとアドバイスしてくれる。

ぼくは会社員を経験したので、優秀な会社員たちの思考法も、資料の型も手にした。しかし、いきなり数人のベンチャーで勤務するひとや、独立するひとはそうはいかない。そして会社のなかで何かの特殊業務に特化しているひとにはノウハウがあふれている。

ぼくがかつて働いていた大企業では、お客や取引先を集めたイベントが多数開催されていた。そのイベントのときに、代表者が1～2時間のプレゼンテーションを実施しようと思えば、資料はすぐに100～200枚となる。多くの場合、企画部門が作成していたけれど、そのなかでもHさんというひとの資料は、論理性、構成、そしてなにより見た目の端正さで群を抜いていた。

ぼくがHさんと仕事を一緒にしたときに、まっさきに訊いたのは資料作成テクニックに

ついてだった。ぼくが紹介した手法とおなじく、Hさんは46個の資料の「型」をもっていて、そのどれかにあてはめるだけだと教えてくれた（ちなみに、そのときにもらった46個をまとめたファイルはいまだに宝物となっている）。そして、他人からの資料も、どう修正するかをルール化しているという。それが、「資料のなかのコンテンツとコンテンツの配置を揃えること」「できるだけコンテンツを四角で囲むこと」だった。これさえ守れば、なぜだか知らないが、みんなから好評だと。

時間がない場合は、その2つを修正するだけでもよいという。もちろんこれは偽悪的な発言だろう。ただ、「ひとは見た目が9割」ともいう。

**人間が「なんとなくわかりやすい」「美しい」と思う資料は、形式に左右される。**それならば、先人たちが見つけてくれたルールを使わないのはもったいない。

感覚もしょせんは、形式によるのである。

テーマ

# 4 プレゼンは全体プラマイ1分、スライド説明1枚3分で

## プレゼンは与えられた時間プラスマイナス1分以内で終了する

むかしサラリーマンのとき、取引先のお偉方を集めた会合でプレゼンテーションをおこなった経験がある。当時はまだ大人数の前でプレゼンテーションの経験がなく、何度も事前に練習して臨んだ。

その甲斐あってか、与えられた時間60分の3分前、57分で終了した。壇上から降りると、社内の企画者から「バカ野郎。今日の**お客さんの時間は貴重なのに、3分間もあまらせや**

がって」と怒られた。それならば、と、違う機会には3分余計に話したら、「バカ野郎。**貴重なお客さんの時間を3分も無駄遣いしやがって**」と怒られた。

それ以降、ぼくは終了時間のプラスマイナス1分以内で終わるようにしている。「なぜそんなにぴったり終わることができるんですか」と呆れるひとがいるほどだ。ただ、時間厳守はぼくの病気のようなものだ。

第4章ではスピーチや講演についての仕事術についてふれる。この章でいうプレゼンテーションとは、企業の業績や戦略などの特定内容を、聴衆に理解してもらうためにやるものだ。スピーチや講演の目的が、不特定多数のひとに感動や発見を与えるのにたいして、仕事のプレゼンテーションでは、より具体的な仕事上の内容について把握してもらわねばならない。

そのプレゼンターが時間ぴったりに終わるとわかっていれば、聴衆も聴きやすく内容に没頭できる。しかし、時間配分がめちゃくちゃで、冒頭部分はえらく冗長で丁寧なのに、終わり部分が速いとわけがわからなくなる。そうならないためには、あらかじめちゃんとしたプレゼンテーションの時間配分設定が大切だ。

## プレゼンは時間の9割を使い、スライド1枚につき3分で説明する

プレゼンテーションの時間配分は明確に、こうすればいい。

**1. 大枠・9割の時間を使って話し終わるように設計する**
**2. 中枠・プレゼンテーションの内容を3つにわけ、4割+3割+2割で話す（これで1. の9割になる）**
**3. 小枠・パワーポイント1枚あたりの説明時間は3分とする**

まず、1. 大枠の設定からだ。9割の時間で終わるように設定するならば、「プラスマイナス1分以内で終わる」と矛盾する。そうなのだ。ここではあえてそう設定するのだ。これまで多くのひとのプレゼンを聴いてきたけれど、時間があまって困っている姿をほとんど見ない。もちろん見たことはあるけれど、それは単なる内容不足だ（3. で説明する）。多くは時間が足りずにばたばたと終わってしまう。または、「最後の3ページはあとで読んどいてください」とかね。それではあまりにみっともない。

プレゼンテーションの場では予定以上に冗長になってしまう可能性がある。だから9割にしておく。60分の場合は、54分であまり6分だ。その6分がほんとうにあまってしまったら、それまで説明してきた内容のうち重要点を繰り返し説明したうえで「私のお時間がちょうど終了しました」といって終われればいい。さらに「冒頭でポイントは3つあるといいました。最後に繰り返しますと〜」と再強調すれば、さも計算されたように聞こえる。

そして、2．だ。プレゼンテーションの内容を3つにわける。これは資料が1部・2部・3部と3つに**わかれていなかったとしても関係がない**。乱暴にいえば、適当でもいいから冒頭に「この説明は3つにわかれています。まず一つ目は〜。二つ目は〜。三つ目は〜」といってしまう。時間配分は1部を4割、2部を3割、3部を2割で話す。全体が60分であれば、24分、18分、12分だ。聴衆は、ひとかたまり（1部）まではなんとか聴こうとする。その1部が終わったときに、2部と3部がさらに長いとわかるとうんざりする。聴衆は仕事だから聴いているだけで、基本的にあなたのプレゼンテーションを積極的に聴きたいわけではないのだ。

そして重要なことは、聴衆が面白いと思うであろう、さらに自分が説明したい部分を最初にもってくる。1部で「当プロジェクト開始の経緯」だとか「会社案内」を長々と話し、**後半部で徐々に核心に入るプレゼンテーションのやり方はそもそも間違っている**。人間は、面白い話→つまらない話、ならばまだ耐えられる。しかし、つまらない話→面白い話、は耐えられずに途中で寝てしまうか、退屈になって集中できないのだ。もっといってしまおう。「会社案内」なんてものは不要だ。それこそ1．で説明したとおり、あまり時間に説明すればいい。プレゼンテーションの内容が面白ければ、聴衆はむしろ最後の会社案内を覚えるだろう。

そしてこれが、大きなかたまり→小さなかたまり、面白い話→つまらない話、で構成する理由となる。そして、60分のプレゼンテーションであれば、1部が終わったときに「これで一つ目の説明が終わりです。あと35分で残りを説明します」というのだ。すると、聴衆にたいする進捗報告にもなるし、なにより自分が話しやすくなる。最適な時間確認方法は、「あと何分だな」と腕時計を見るよりも、聴衆と確認することだ。

## 資料に書かれていない内容を必ず3分の1盛り込む

次にパワーポイント1枚あたりの説明時間について。これは3分を一つの目安とする。こう考えると、自分が与えられた時間で何枚のスライドを用意すべきかが明確となる。

**・30分の場合……約10枚（＝30÷3）**

・60分の場合……約20枚（＝60÷3）
・90分の場合……約30枚（＝90÷3）

1枚を1分で説明しようとすると、あまりにも早口になり、かつ省略する箇所が出てくる。プレゼンターとしてみればたくさんの資料を作成することが聴衆にたいするサービスと感じてしまう。しかし、実際には多すぎる資料は、聴衆を卒倒させる。

逆に1枚を5分もかけて説明するのは長い。みなさんも、プレゼンターの説明が長すぎて、聴衆がどんどん紙をめくってしまう場面に遭遇した経験があるだろう。プレゼンターが2枚目を説明しているときに、多くの聴衆は10枚目あたりを見ているのだ。そしてプレゼンターはやっと3枚目の説明に入った……と。聴衆とプレゼンターにギャップがあるとき、聴衆が眠り出す。そのスローさに耐えられないのだ。

そして、聴衆に「資料さえ見れば、説明は要らないじゃないか」と思わせないのが重要だ。たしかに、資料をずっと棒読みしているプレゼンターを見かける。コツは、資料に書かれていない3分の1の内容を、口頭で盛り込むことだ。そうすれば、注意は聴衆が顔を下に向けなくなる。すなわち、資料を見なくなる。面白いもので、プレゼンターが口頭で3分の1の追加情報を話すとき、聴衆は下の資料を眺めながら耳で聴けるのに、なぜか資料にない情報を聴くときはプレゼンターの顔を見たくなるものなのだ。

プレゼンテーションの練習をするときには、スライド1枚を「結論ふくめ2分で説明＋「追加・補足情報を1分で話す」＝3分で話せるようにすればいい。そうすれば自動的に話す速度が決まる。慣れてくれば、プレゼンテーションの残り枚数で、話しながら必要時間を計算できるようになるだろう。

## 時間があればプレゼンテーションシートの枚数を4の倍数にする

もしプレゼンテーションまでに時間があれば、パワーポイントのページ数を4の倍数にしておこう。とくに、あなたではないひとが、聴衆に配る資料を印刷するときに有効だ。そうしておけば資料が美しくなる。

なぜなら、昨今はコピー用紙削減のあおりから、2画面を1枚に印刷することが多い。さらに、両面コピーも当たり前だ。そんなとき、4の倍数で資料を作成しておけば、余白を残すことなく、ぴったりだ。笑われるかもしれないけれど、そうしておけばプレゼンテーション中の余談にも使えるだろう。

さっき、30分、60分、90分それぞれのスライド枚数の目安を書いた。だから、4の倍数にしようと思えば、こうなる。

- 30分の場合……12枚（10枚＋最後に補足資料、連絡先など）
- 60分の場合……20枚
- 90分の場合……32枚（30枚＋おなじく最後に補足資料、連絡先など）

ちなみに、ぼくが尊敬する某コンサルタントは、講師としても活躍している。彼が会場に到着し、まっさきに確認するのは聴衆に配布されている資料だという。片側2面印刷の両面コピーの場合は、ぼくが述べたように1枚に4画面が印刷されている。彼は講演の冒頭で、資料を掲げて「この1枚を10分で説明します」と宣言する。つまり、1画面を2・5分程度で説明するわけだ。

そうすることによって、聴衆に時間を守るプレゼンターと印象づけることもできるし、聴衆は残り時間を直感的に理解できる。道筋が明確に示されたプレゼンテーションほど聴きやすいものはない。なによりも、講師自身が経過時間を把握できるメリットがある。

ただし、せっかく4の倍数で資料を作成していても、表紙だけまるまる1枚で印刷されてしまい台無しになったことがあるらしい（笑）。だから、基本的には印刷してくれるひとへ事前に指示しておいたほうがよいだろう。

## 午後のプレゼンテーションは照明を明るくして居眠り率を減らす

ちなみに、ぼくはさまざまなところで話す機会があり、居眠りしたひとの数を数えている。以前とくらべて、ほとんど寝る人はいなくなったものの、午後一番のプレゼンテーションは聴き手もかなり辛い。もちろん、話す内容に変化をつけたり、休憩時間を増やしたりする。しかし、経験では、とくに照明を暗くするとダメだ。居眠り率があがってしまう。照明を暗めにしたときと、明るめにしたときの違いをぼくのプレゼンテーションで測定してみた。

**・明るめ・総受講者数927人、居眠り数15人（1・62％）**
**・暗め・総受講者数738人、居眠り数14人（1・90％）**

やはり、暗めの際は居眠り率が高い。数が少ないかもしれず、これは一つのサンプルにすぎない。しかし、多くのひとの感覚でも、暗い会場では眠るひとが多いのも事実だろう。考えてみるに、これほどプロジェクターの性能があがっているのに、照明を暗くするのはなぜだろう。プレゼンターはほんとうに部屋を暗くする必要があるのか事前に確認すべきだ。ほとんどの場合、小さな部屋でプレゼンテーションを実施するケースも多いだろうし、照明を暗くする必要はない、とぼくは思う。

## プレゼンテーションの資料は学生には渡さず、社会人には渡す。ただし、手渡し資料量は全体の50％以下とする

最後に、プレゼンテーションの資料を渡すか否かを考えてみよう。結論からいうと、学生、あるいは社会人歴が短いひとたちには、プレゼンテーション資料は印刷して渡さずに、ホワイトボードに書きながら説明するのがよい。もちろん例外もある。決算書資料やデータがふんだんに入った資料などはすべてをホワイトボードに書けない。趣旨として、できるかぎりホワイトボードにプレゼンターが書くことで、それを聴衆にメモしてもらうのがよいという意味だ。

逆に一般の社会人にはプレゼンテーションの資料をコピーして手渡しするのがよい。これは、一からメモすることが時間のムダだと感じがちだからだ。また、多忙な人たちほど、

プレゼンターが述べる内容の横に、自分の気づきのみをメモする。プレゼンテーションの内容自体はコピーして渡してほしいのだ。コピーを渡すことは聴衆にたいするサービスにもなる。どうしても事前に渡したくない場合、プレゼンテーション後に渡すひともいる。

しかし、これも経験では、すべてを渡す必要はない。それこそ、必要箇所は渡しても、手渡しの資料にない内容がある、と適度な緊張感をもってもらうべきだ。すべてが手持ち資料にあれば、たとえ前述のとおり3分の1は追加情報だったとしても、途中で飽きてしまう。半分、プレゼンテーションの50％程度の資料を渡しておくのがちょうどよい。

ひとを飽きさせないプレゼンには、やはり型がある。ぼくはこの型の収集の虜《とりこ》になっている。それはプレゼンテーションでもおなじなのだ。

テーマ

# 5 フォントサイズ、矢印、グラフにルールをもつ

## 資料の1枚目には3つのブロックを使い要約を述べる

昨年ぼくは100回くらい講演や研修をどこかでおこなった。だいたい週に2日ほどのペースになる。講師仲間どうしで話していると、年間200回のひともいる。ほんとうに途方もない数だ。いつも思うけれど、何十人、ときに数百人の前に立って、自分の意見を述べるなんて正気の沙汰ではない。考えてみるに、とても恥ずかしい行為だ。

講演や研修がはじまる前、ぼくはいつも「こんな仕事を引き受けるんじゃなかった」と思う。いまだにそうだ。講師のなかには、話すのが大好きというひともいる。とても信じ

られない。だけど、ぼくの救いは、講演や研修をみずから売り込んだことがほとんどなく、先方から依頼してくれることだ。だから、「みなさんの役に立てるなら」と引き受ける。

講師をやっていて、面白いことに気づく。研修の名手と話していると、意外にもぼくのように人前に立って話すことが苦手だと吐露するひとが多い。逆に、話すのが好きな講師ほど、自分の好きな話を続け、聴衆が寝ていても気にしないケースが多い。もちろん一般論としてはいえないけれど、仕事に苦手意識をもっているほうが、工夫を考えるのではないかと思う。どうやったら、聴衆が面白いと感じてくれるか。理解してくれるか。また、話を聴きたいと思ってくれるか。

ぼくへの依頼者はほとんどがリピーターではあるものの、ぼくは講演や研修に苦手意識を抱き続けようと思う。それが講演や研修をよりよくする原動力と信じるからだ。

前節までで、資料の型として20〜25を用意しておけといった。型とはロジックであり、説明体系だ。そしてそれらをブラッシュアップするためには、最後に資料の体裁を考えなければいけない。体裁をよくすることで資料はさらにわかりやすいものとなる。

さきほど講師として話好きの一例をあげた。この手の人たちは、講義内容もそうだけれど、資料としての体裁が成り立っていないことが多い。話したいことが多すぎて、資料になにもかも詰め込みすぎるのだ。

長々と話すのはいいけれど、結局、聴き終わったあとに聴衆は、話し手がなにをいいたかったかがわからない。これを防ぐために、1枚目に要約を載せておこう。テーマ1で資料の存在意義を考えることの必要性を語った。次に、聴衆にも教えてあげるのだ〈**図1**〉。

ここでは3つのブロックを使う。なにが問題なのか、あるいは資料を説明するにいたったどのような背景があるのか。これを一つ目のブロックに記載する。そして、二つ目のブロックには、資料を通じて述べたい解決策や施策を述べる。さらに、三つ目には、この説明を聴いたひとになにをやってほしいのか、具体的なアクションを述べる。

これは外資系企業ではエグゼクティブ・サマリーと呼ぶこともある。この1枚目が資料全体を鳥瞰《ちょうかん》してくれる。聴衆は、目的を明確にしながら聴くことができる。なお、この1枚目を見れば、聴く必要がないと感じる聴衆もいるだろう。そういうひとには帰っていただいたほうが、話し手・聴き手の両者のためだ。

そしてそこから、一つひとつの本題に入る。ここでもテーマ1で述べた、ストーリーチャートにしたがって説明していく。みなさんが集めた20~25の型を優先して使用してほしいものの、基本は次のようになる〈**図2**〉。

一番上にメッセージラインを載せる。これは、文字どおり、この資料1枚を通じて主張したいことを記載するところだ。資料の説明を聴いていると、「このスライドでなにをこのひとはいいたいんだろう」とわからないときがある。多くの場合は、話し手も、明確にわかっていない場合が多い。**述べたいことを一言で明確化できないスライドは存在してはいけない。**

**Ⅰ現状の調達業務の問題**

- ○○領域の発注件数が多く、かつ少額発注が多数を占める
（H24年度の○○購入実績：60,000件のうち、1万円以下の件数が全体の86%にのぼるものの、その支出比率は全体のわずか5%にすぎない）
- 発注書等は紙で処理しており、付加価値を生まない業務が多い

**Ⅱ解決策とその効果**

- ○○領域の1万円以下の処理業務を外注化する
- 外注先は未来調達研究所株式会社を考えており、処理品質は高い
- 当外注化を実施することで、各拠点の4人員分業務を軽減できるため、この4人員を本社に増強し、戦略構築業務に従業させる

**Ⅲ各拠点への依頼事項**

- 当調達業務改革へのご理解とご協力
- ○○領域1万円以下処理業務の外注化トライアルへのご協力

〈図1〉

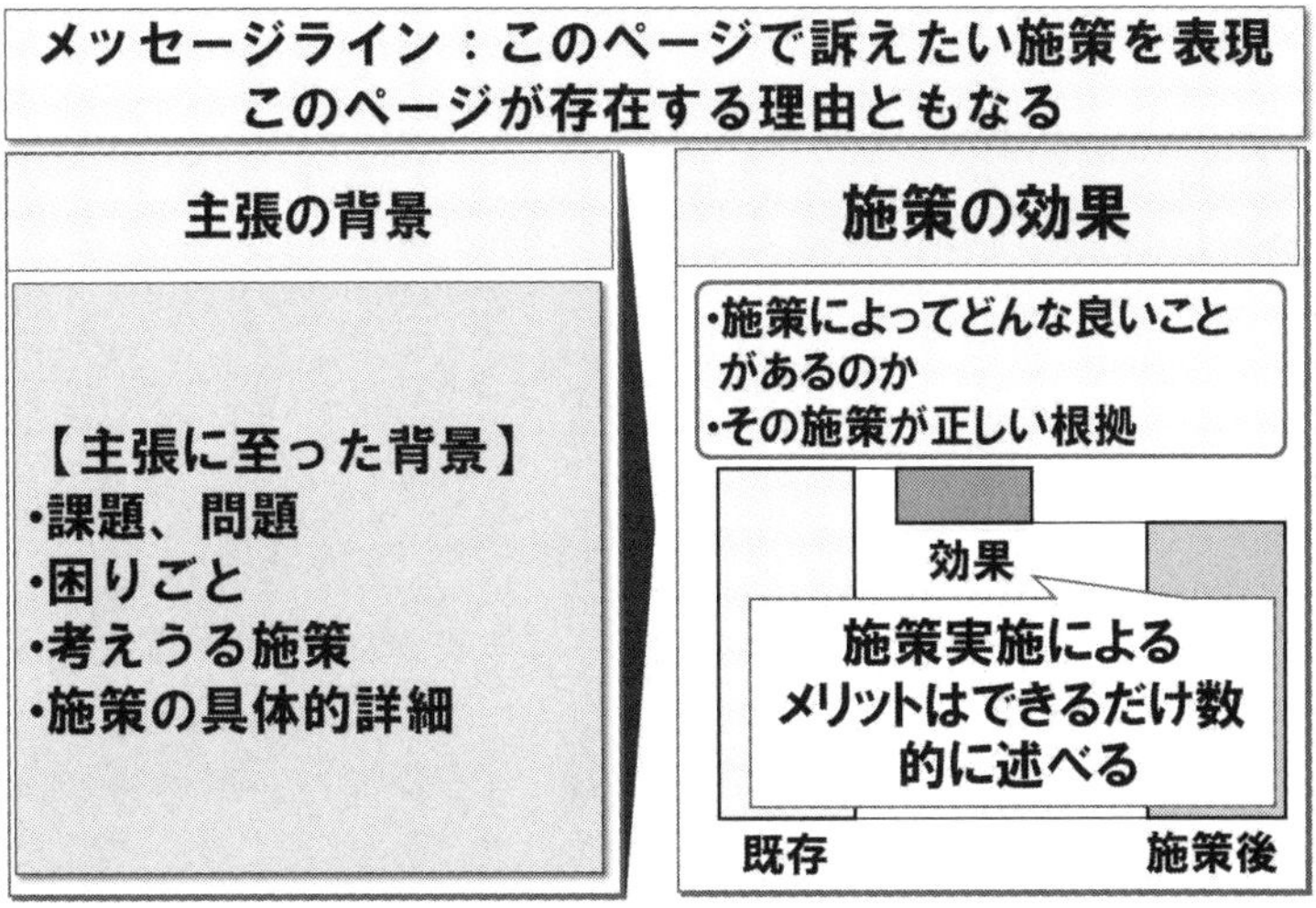

メッセージライン：このページで訴えたい施策を表現
このページが存在する理由ともなる
主張の背景
【主張に至った背景】
•課題、問題
•困りごと
•考えうる施策
•施策の具体的詳細
施策の効果
•施策によってどんな良いことがあるのか
•その施策が正しい根拠
効果
施策実施によるメリットはできるだけ数的に述べる
既存
施策後

〈図2〉

かつてぼくが勤めていた企業ではメッセージラインを「青年の主張」と呼んでいた。この箱がないと、このページの「青年の主張」はなにか？　と必ず質問された。これは聴衆の時間節約にもなる。内容はともかく、結論を先に教えてもらえば、理解が進む。

その下は、定型化はできないものの、メッセージラインの主張の背景を左に載せ、右に進むようにしておこう。

なお、潤沢な時間を確保できれば、聴衆に配る資料と表示資料に違いをつけておきたい。具体的には、表示資料にのみ、重要なポイントを数点だけ赤字、あるいはアンダーラインをつけておく。もちろんこれは重要箇所を教える意味があるけれど、聴衆の手を動かす意味もある。座りっぱなしより、はるかに居眠り率は下がる。それに「とくに重要なところはここです」と説明すれば、聴衆はマーキングでき、資料を復習する際にもそこだけ見れば時間短縮になる。

## フォントサイズは資料の種類によって4つを使いわける

また資料の文字サイズも注意しよう。聴衆の手元に渡している資料ならまだしも、画面にだけ表示する資料はフォントサイズのルールをもっておこう。具体的には、４つのフォントを使いわけることだ。以下、もっとも使われているパワーポイントのサイズで説明する〈**図3**〉。

まず、基本的に10ｐｔは使用禁止。配布資料になら使ってもよいけれど、老眼のひとはたいへん見づらい。これは笑い話ではなく、アメリカでは名刺に印刷する電話番号のフォントサイズを大きくしただけで反応率があがった例があるくらいだ。メガネをかけたり外したりすることはストレスになる。それに若いひとでも、あまりにごちゃごちゃしている資料だと眠気を誘ってしまう。これは、説明どおり「どうしても細部を語りたいとき」のみとし、できれば興味がある聴衆にのみ、あとで読んでもらうように説明したほうがいい。

そして、目安として20ｐｔ以上の使用を心がけよう。強調したいところは、40ｐｔ以上。また、スクリーンと会場の大きさはさまざまではあるものの、大きな会場で説明するときは、50ｐｔ以上の作成を心がけよう。

ところで、どうしてもプレゼンテーションをおこなう会場で前もって確認できないこともある。しかし、そんなときでも、当日

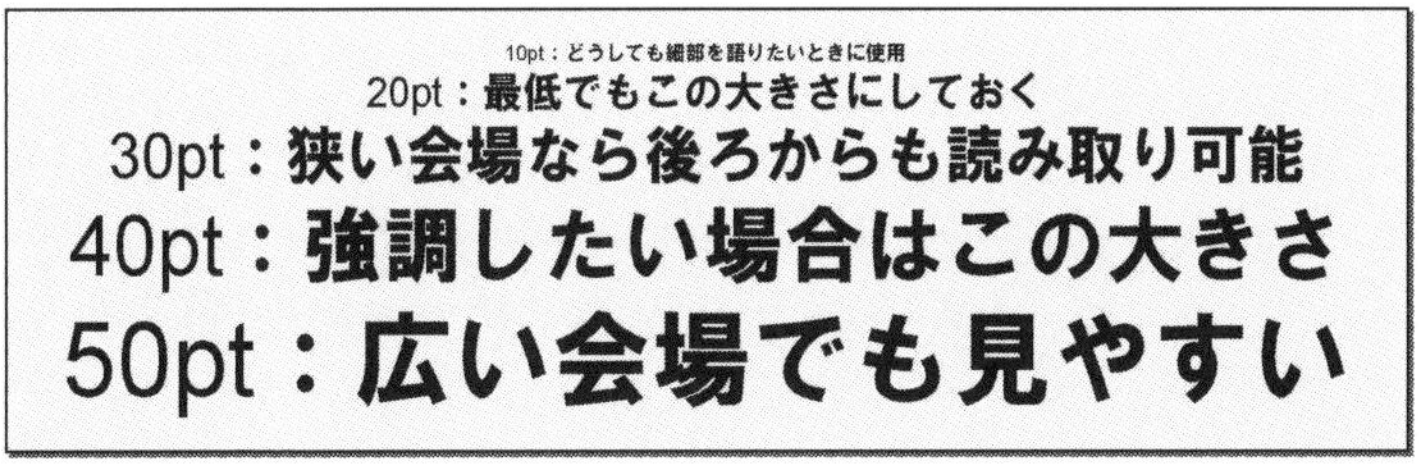
10pt：どうしても細部を語りたいときに使用
20pt：最低でもこの大きさにしておく
30pt：狭い会場なら後ろからも読み取り可能
40pt：強調したい場合はこの大きさ
50pt：広い会場でも見やすい

〈図3〉

のリハーサルのさいには、画面を表示したままで、最後方の席のひとが文字を読めるか確認すべきだ。資料を作り直せなくても、最後方のひとが読めないとわかっていたら、「この箇所は画面ではなく、資料をご覧ください」といえる。あるいは「見えないと思いますので、読み上げます」とフォローできる。それが優しさだ、とぼくは思う。

ただ、下を向かせれば向かせるほど、聴衆が寝る率をあげるので、できれば資料作成時点でフォントサイズを考慮しておくほうがいい。

## 線の種類も4つを使いわける

次に、資料で作成する線にも4種類あると覚えておこう。これは絶対的なルールではなく、資料のなかでの統一性をはかるためのものだ。なんとなく、わかりやすく統一感のある資料と、わかりにくい資料がある。それは多くの場合、直感的な印象による。ぼくが思うに、前者は作成者の資料体裁が整っている。後者は、ばらばらだ。

資料では線を多用するけれど、そのルールはこれだ〈**図4**〉。

まず、線矢印。これは、なにかとなにかをつなぐ役目だ。作業や、手順の流れ・前後関係を示す。それにたいして、塗り太矢印は、変化を示す。または、因果関係、論理的つながりだ。つまり、後者は、「これがこうなった」あるいは「こうだからこうなる」「こうしたらこうできる」などと高次の関係性を表現するものだ。

そして、実線はものごとの前後にかかわらず、並列につなぎたい場合。そして、点線は一時的な関係を示したり、枠で囲むときに強調したい領域・集合を示したりする。

ちなみに、ぼくの前の職場にはIさんというなんでも理屈がなければ済まないひとがいて、たいへんぼくを鍛えてくれた。ぼくの資料を見ると、もちろん、最初はロジックや内容を徹底的に添削する。ただ、ロジックや内容がよくても、体裁が悪ければ納得しない。「なぜ、枠の色は、この色なんだ」とか「この矢印を使った理由を説明せよ」とか「なぜ、このフォントを使ったんだ」とかの質問が矢継ぎ早にくる。もちろん、正解があるわけではない。ただ、サラリーマンは、資料を

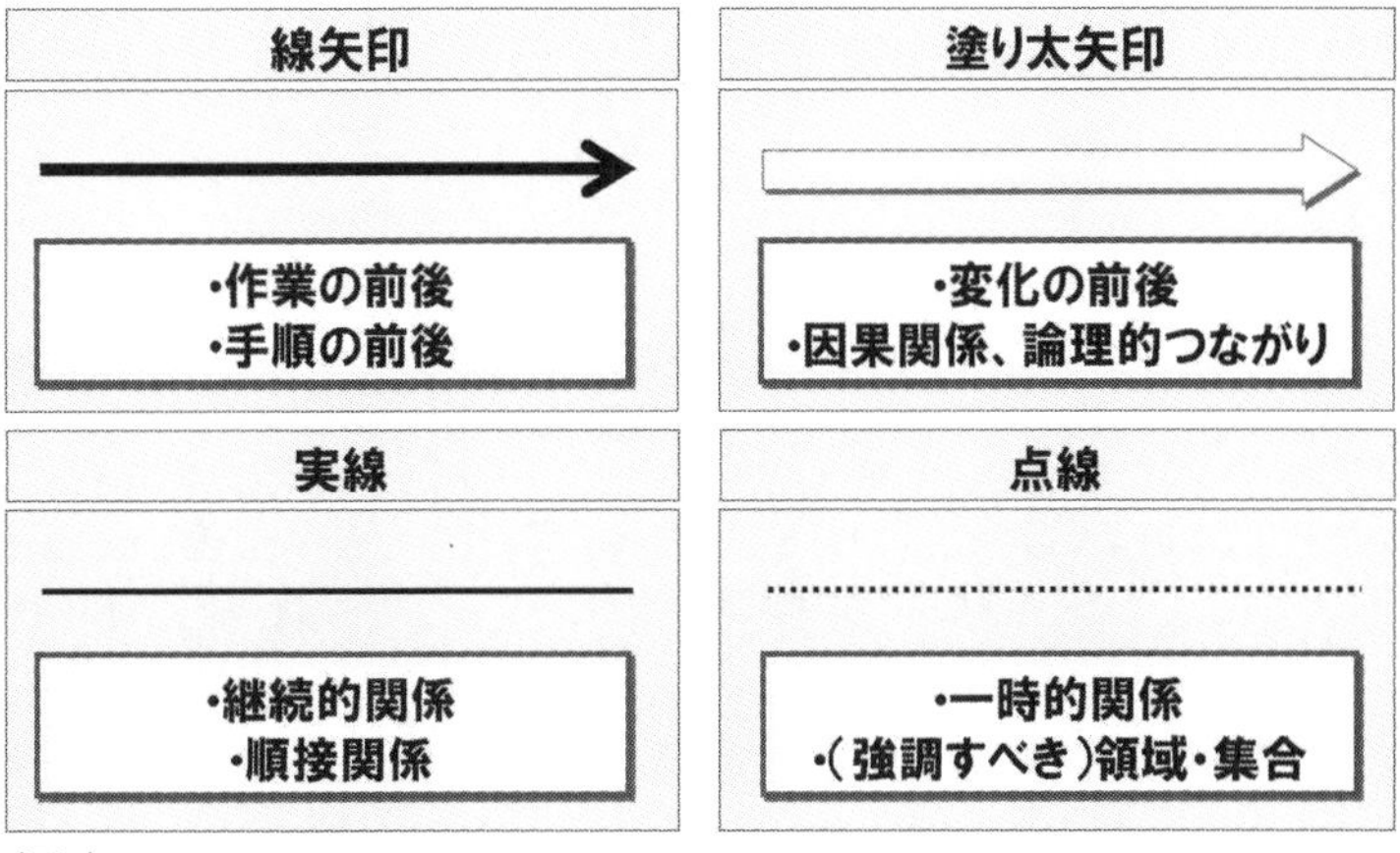


〈図4〉

作成してお金をもらっているとIさんは考えていた。お金をもらっているのに、そこに法則性やルールがなければプロフェッショナルではない、と。もちろん、些細な体裁に時間をとりすぎるのは反対だけれど、自分なりの流儀をもっておき、他者にその選択理由を説明できる姿勢は学んだ。

なお、ぼくはかつて資料を作成しては、ぼくの資料から受ける印象をアンケートした。その結果、MSPゴシック／MSゴシックと、MSP明朝／MS明朝は汎用的すぎるからか、なんの特別な印象も与えなかったけれど、HG創英角ゴシックUB＋Tahoma（日本語はHG創英角ゴシックUBで、英数字はTahomaで）の組み合わせは、多くのひとが端正な印象と答えてくれた。そこで、ぼくの資料は、HG創英角ゴシックUB（あるいは、HGP創英角ゴシックUB）を使っている。HG創英角ゴシックUBとHGP創英角ゴシックUBは文字間隔が微妙に異なり、オブジェクトの幅によって使い分けている。

- **端正な印象（HG創英角ゴシックUB＋Tahoma）**
- 汎用的①（MSPゴシック／MSゴシック）
- 汎用的②（MSP明朝／MS明朝）
- インパクト狙い（HG行書体）

なお、資料作成者によっては、HG行書体やその他のレアなフォントのみで資料を作っている。アンケートでは、インパクトはあるものの、「それだけだと見づらい」ようなので、基本フォントとして選択するのは避けたほうが無難だ。

## グラフも4つの種類を使いわける

そして、グラフも4つを使いわけよう。これはグラフの種類が4つしかない、のではない。もっとも使われている4つのグラフを意図的に使用することが大切だ。よくある例が、折れ線グラフと、棒グラフを誤用する例だ〈**図5**〉。

簡単にいうと、要素と要素が時間的につながっている場合は、折れ線グラフを使う。これは、点

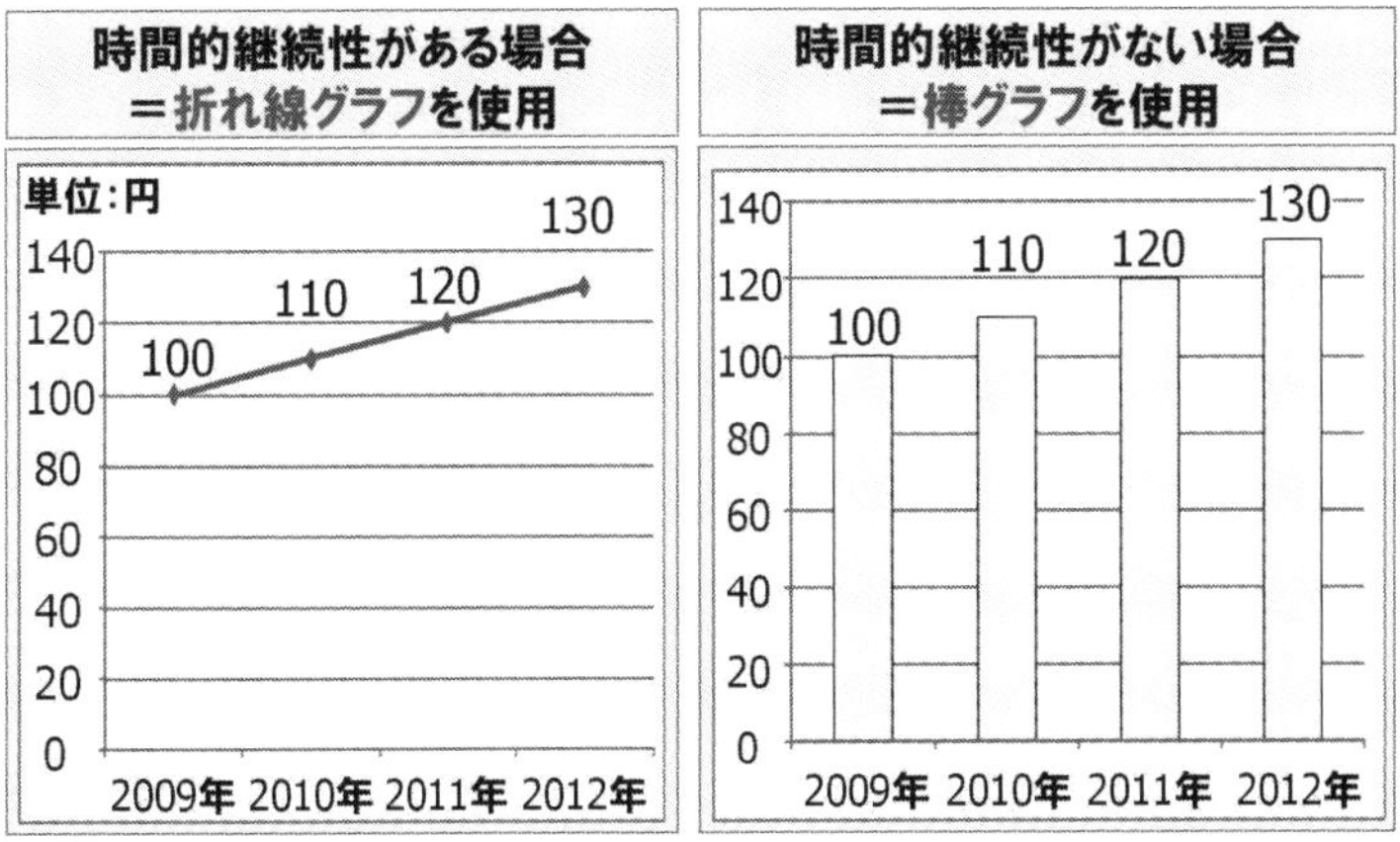


〈図5〉

と点を結んでいる、その途中段階も、おそらく継続的に変化している場合だ。それにたいして、要素と要素が時間的につながっていない場合に棒グラフを使用する。これは要素と要素が独立しており、1つ前とも1つあととも要素が関係ないときに使用しよう。たとえば、〈図5〉では2009年から2012年までの要素を、それぞれ折れ線グラフと棒グラフで表現した。

一例でいえば、資源の市況価格などを示す場合には、折れ線グラフでよいだろう。ただ、毎年サイコロをふって点数を決めるような場合は、棒グラフがふさわしい。ランダムに都度さまざまな数値が出てくるときは、棒グラフでなければ意味がない。

また、絶対額ではなく比率を表現したいときに利用するのが円グラフだ〈図6〉。繰り返すと、これはあくまで比率を述べたいときに使うから、

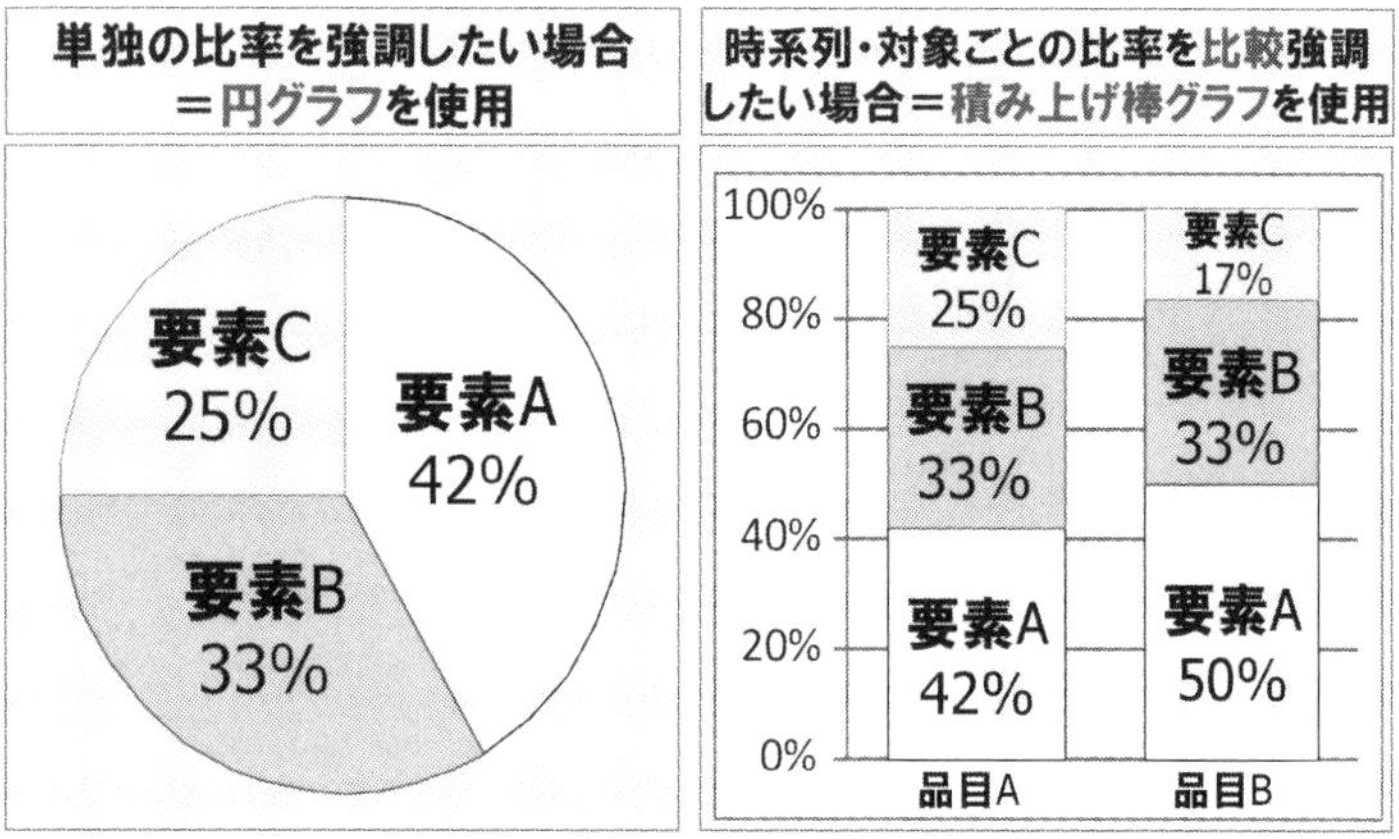


〈図6〉

このなかで強調したい要素がなければならない。いや、むしろ、強調したい要素があるからこそ、円グラフを使用する。

そして、比率そのものではなく、比率の変化を表現したいときに、積み上げ棒グラフを利用しよう。比率の大きさを強調したいのではなく、伸びたり減ったりしている要素の変化を強調したいときだ。たとえば、書籍の売上でいえば、いまだにリアル書店が過半数を占める。ネット書店の売上は、まだ少ない。ただ、ネット書店の「伸び」を強調したいときに、2000年時点の状況と、2015年時点の状況を比較することは意味がある。

つまり、グラフを使って説明をするのではない。説明するために、グラフを使うのだ。

## 積極的な右回り、消極的な左回り

また、よく使われるループ図においても、ルールを設定しておこう。これも考慮なき図が氾濫している〈**図7**〉。

弁証法という言葉がある。1つの概念が社会に登場すると、さらにそれに批判的なもう1つの概念も登場する。この弁証法においては、その2つの概念を統合し、よりよい概念が登場するとされる。概念の悪いところだけに拘泥《こうでい》するのではなく、概念のよいところを抽出して、高次のアイデアを創出していくのだ。そうやって、人間は社会をよりよくするのだ。社会進化とは基本的に時間経過とともになされる。この考え方のもとでは、昔よりも現在がよく、現在よりも将来のほうがよい。異論もあるだろうけれど、未来とは良き状態を指すと、無意識のうちに考えている。逆に「時計の針を戻す」とは、ネガティブな意味だ。

そこで、資料の図を作成するときも、1つのルールを決めておこう。時計回りループは、積極的・肯定的意味を指す場合、反時計回りループは、消極的・否定的意味を指す。

もし、2つの施策と施策をくらべ、どちらかの優位性を語る場合は、良きほうを右回りに表現し、悪しきほうを左回りに表現する。これだけで聴衆の無意識に訴える。

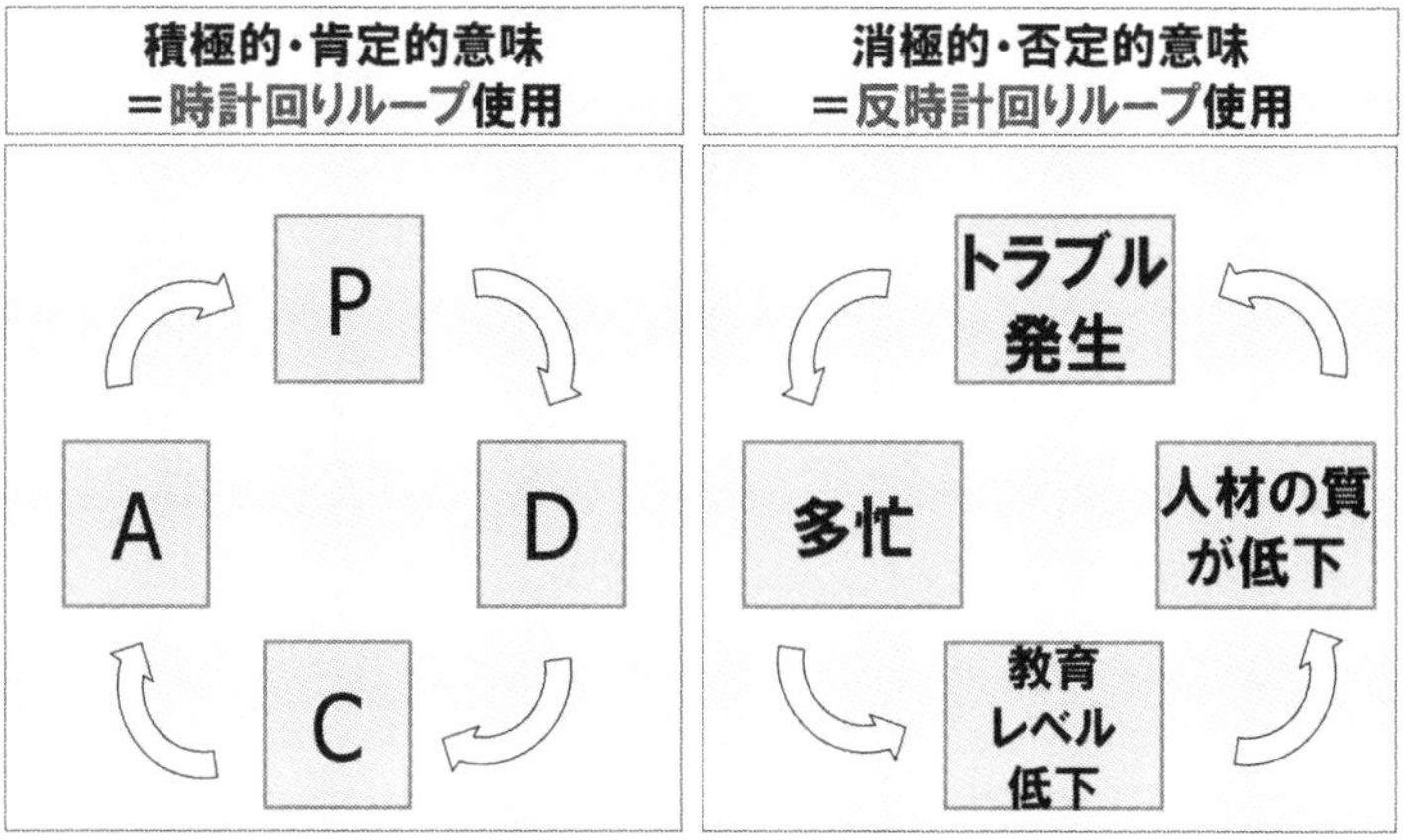

〈図7〉

## さらに時間があればカタカナ比率を下げ、箇条書きを増やす

また、聴衆の無意識に訴える意味では、単語の使い方も気にしておこう。

以前ぼくは、「スマートグリッド領域のオポチュニティーをマキシマイズしつつ、弊社のユニークネスを顧客とのコミュニケーションによって……」と書かれた提案書をもらって卒倒した。

もちろん、現代ではカタカナ抜きに文章を書くことは難しい。しかしだからといって、カタカナの多用は勧めない。誰もカタカナ言葉を理解していると思ったら大間違いだ。自省も含めていうと、とくに外資系企業や外資と仕事をしていたひとに、カタカナ多用傾向がある。以前、講演でご一緒した講師がプロジェクトのＫＰＩ（評価基準項目）を熱く1時間語ったあとの聴衆からの質問が「ところで、ＫＰＩってなんですか」だった。おそらく、聴衆は1時間、宇宙人の会話を聴いていたのだろう。

むしろ、ほとんどを漢字かひらがなにするくらいでちょうどいい。資料を作成したあとに、漢字かひらがなにできる箇所はないか自問してみよう。

【改善1】

改善前：スマートグリッド領域のオポチュニティーをマキシマイズしつつ、弊社のユニークネスを顧客とのコミュニケーションによって……

改善後：次世代送電網領域の事業機会を最大化しつつ、弊社の独自性を顧客との継続対話によって……

そして、さらに時間があれば、箇条書きできるところがないかチェックしてみる。

【改善2】

改善前：次世代送電網領域の事業機会を最大化しつつ、弊社の独自性を顧客との継続対話によって……

改善後：弊社として以下内容を検討する

・次世代送電網領域への注力
・事業機会の最大化
・既存顧客の潜在需要収集

漢字化と箇条書き化によって、だいぶわかりやすくなる。あなたの資料には「コミュニケーション」を多用していないだろうか。そもそも「コミュニケーション」とはなんだろうか。それを漢字に直せないか。直せないとしたら、自分自身のなかで概念が曖昧だ。一つひとつ確認すれば、そのまま自分の説明力向上にもつながる。

## さらにさらに時間があれば、改行と漢字つながりを確認する

また、さらに時間があれば、改行ズレを防止しよう。たとえば、このような場合だ〈図8〉。

「い」だけが違う行になっている。視覚的にもややおかしい。パワーポイントを使っている場合は、テキストボックスの余白調整によって詰められないかやってみよう。それが無理でも、フォントサイズを調整する。

理想的には図の1行目と2行目にまたがる「途中」なども工夫することだ。「途」と「中」が分離している。

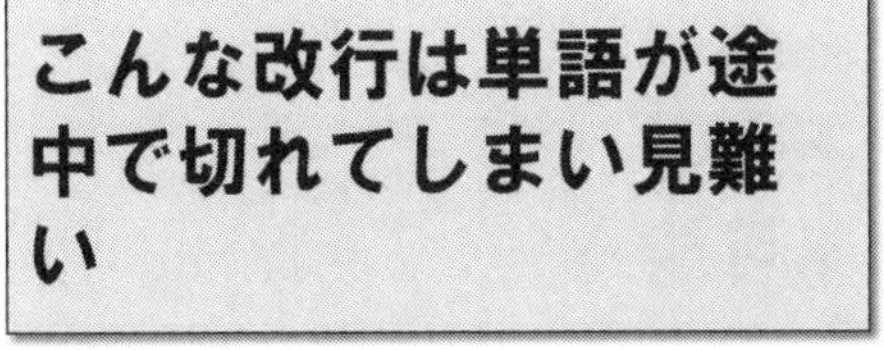
こんな改行は単語が途
中で切れてしまい見難
い
〈図8〉

理想的と書いたのは、あくまで時間があるときの対応だからだ〈図9〉。
小説家のなかには、改行で単語がわかれないように工夫するひともいる。さすがに、ビジネスマンがそこまでする必要はない。たしかに、改行で単語が切れていないため端正な印象を与える。ただ、現実的にはあまりに時間をかけられないので、さらに最上を目指すときの工夫と覚えておこう。

**かといって全ての行で**
**単語が切れないように**
**文章を練るのは不可能**

〈図9〉

テーマ

# 6

# メールの返信文面は相手の文面を模倣する

## 丁寧な人には丁寧に。端的な人には端的に

ぼくはメールアドレスをネット上に公開しているからか、さまざまなひとからメールをもらう。著作の感想だったり、あるいは何かのイベントへのお誘いだったり、仕事の依頼だったり。

もちろん、前二者は自由に書いてもらってかまわない。ただし、仕事の依頼であれば、最終的な目的は相手にYESといわせることだ。ぼくも逆に誰かに仕事を依頼する場合がある。そのときはできるだけ丁寧に書くようにしているけれど、仕事の依頼を受ける立場

からすると、あまりに低姿勢で丁寧すぎて、まわりくどくてイライラすることがある。

ただし、これはひとによって感想が異なる。あるひとに、ぼくに届いた慇懃《いんぎん》丁重なメールを見せると、ぼくと同じく「なぜもっと端的に書けないのか」という。だけど、違うひとは「これくらい丁寧に書いてくれたほうがよい」という。

逆にぼくはそっけないメールにあまり悪い印象はない。さすがに宛先くらいは書いたほうがいいと思うけれど、単刀直入に結論に入ってくれたほうがいい。だけど、メールにも作法があるし、文面は懇切丁寧でなければいけないというひとがいる。メール作法の本を読んでも、著者によって答えが異なる。丁寧と端的。どっちが正解なんだろう。

ここでは、資料作成・説明の章の最後として、メールの書き方を述べたい。メールは資料とはいえないかもしれないけれど、メールだって立派な文章だ。また、せっかく資料をちゃんと作っても、メールのやりとりで相手を怒らせたら台無しだ。

そこで、このメールの書き方。結論からいえば、正解は2つある。①丁寧なメールを出したほうがよいひとと、②端的なメールがよい人。メールの相手がどちらかを察知し記録しておくことで仕事をスムーズにしていく。

たとえば、みなさんが佐藤さんで、仕事上のパートナー田中さんからメールを受け取ったとしよう〈**図10**〉。

この「田中さん」は①丁寧タイプのひとだ。このひとに、端的に返信してしまうと心証

佐藤様
お世話様です。
田中です。

先般よりめっきり寒くなってまいりました。ご体調はいかがですか？　くれぐれもお体だけは、ご自愛ください。

ところで、突然で大変ぶしつけなお願いではございますが、弊社のプロジェクトにつきまして、佐藤様のご見識をお借りしたく存じております。

背景は、昨年よりはじまりましたプロジェクトの進捗管理がなかなか上手く行っておりませんで、こちらも成果が出ずに呻吟しているところでございます。

ご存知のとおり、このプロジェクトは弊社が2009年より取り組んでいるものでございまして、この成否につきましては経営陣からも厳しい視線が注がれております。

そこで、（中略）

ご多忙の中、はなはだ恐縮ではございますが、（後略）

＝＝＝＝＝＝＝＝＝＝＝＝＝＝＝
田中将斗（Masato Tanaka）
Cobuybtob.inc
Tel:03-4456-××××
Fax:03-4456-××××
＝＝＝＝＝＝＝＝＝＝＝＝＝＝＝

〈図10〉

田中様
お世話になります。佐藤です。

周囲は風邪が流行っており、今年の寒さをまじまじと感じさせます。田中様はご体調おかわりございませんか？

ところで、メールはたしかに拝受いたしました。文面から、なみなみならぬご事情と緊迫度が伝わってまいりました。私がお手伝いできることなら、なんでもおっしゃってください。

とくにこのプロジェクトは、第三者としてではございますが、御社がキックオフなさるときから、お話しを伺ってきました。経営層のみなさまの期待度も、私なりに理解しているつもりでおります。

このプロジェクトにかける田中様の想いを以前お聞きしましたときから、いつか私がお役に立てるときがないかどうか考えておりました。数あるなかから私にお声がけいただきましたことを、心よりお礼申し上げます。

さて、日程ですが（後略）
＝＝＝＝＝＝＝＝＝＝＝＝＝＝＝
佐藤一郎（Ichiro Sato）
Future Conslting.com
Tel:03-3543-××××
Fax:03-3543-××××
＝＝＝＝＝＝＝＝＝＝＝＝＝＝＝

〈図11〉

を害することがある。もちろん、田中さんにしてもお願いしてきているわけだから、怒りはしないだろう。だけど、このタイプのひとは、ある種の形式を大切にし、メールを単なる伝達ツールとしては考えていない。ぼくはこの良し悪しは論じない。そういうひとというだけだ。

このひとへの正しい返信は、こうなる〈**図11**〉。

逆に、田中さんがこうメールしてきたらどうだろう〈**図12**〉。

この「田中さん」は②端的タイプのひとだ。この田中さんの場合、あまりに丁寧なメールだともどかしく感じてしまう。せっかちなひとも多い（ぼくのことだ！）。だから、返信はこうなる〈**図13**〉。

もちろん、こんな極端にわかれないかもしれない。ただ、ここでの肝要は、メールのタイプを把握しておくことにある。一回目のメールは丁寧に書かざるをえないけれど、それ以降は履歴を確認し、どちらのタイプに合致するかを調べておこう。

また、可能ならば、相手がくれたメールの文面より

**佐藤様**
**お世話様です。**
**田中です。**

**ご相談したいことがあり、**
**今週お時間とれませんか？**

**以上**
==============
**田中将斗**（Masato Tanaka）
Cobuybtob.inc
Tel:03-4456-××××
Fax:03-4456-××××
==============

〈図12〉

**田中様**
**お世話になります。**
**佐藤です。**

**了解しました。12日のAMのみ空いております。ご検討ください。**

**以上**
==============
**佐藤一郎**（Ichiro Sato）
Future Conslting.com
Tel:03-3543-××××
Fax:03-3543-××××
==============

〈図13〉

も、少し行数が多いとなおよい。5行のメールだったら、6行以上。10行だったら、11行以上だ。え、そんなに書けないって？　そんなときは、相手の文面を引用したり、頻繁に改行すればクリアできる。とくに、頻繁に改行すると、読みやすくなる。ときに改行せずに、一文を長々と書き続けるひとがいるけれど、メールソフトが勝手に改行してしまい、文章がぐちゃぐちゃに崩れて読みにくい。

目安は35字未満での改行だ。そうすれば読みやすいし、ほぼどんなメールソフトや画面でも、それ以下で改行されない。ワードで新規ファイルを作成すると、横40文字だから、それよりも5文字少ない。

## アドレス登録には〝様〟をつける

それと、細かいようだけれど、メールのヘッダーに載っている情報も見ておこう。おなじく、みなさんが佐藤さんで、田中さんからメールを受け取ったとしよう。そんなとき、

・To：〝佐藤一郎〟 <ichiro.sato@XXXX.com>

・To：〝佐藤一郎様〟 <ichiro.sato@XXXX.com>

のどっちになっているだろうか。前者の場合は致命的としかいいようがない。たとえば、手紙を出すときに、呼び捨てで出すだろうか。前者は、自分の登録メールアドレス名称が、相手に読まれていると想像できないレベルのひとだ。前者は、細部に気づかない。

逆の立場では、メールアドレスを登録するときに注意すべきだ。社外のひとであればとくに。「さん」はまだしも「氏」も、いまの感覚ではやめたほうがよく、「様」がふさわしいだろう。ときに、ぼくのもとには「To：〝未来調達研究所　坂口考則〟<sakaguchitakanori@cobuybtob.com>」とするメールが届き、返信する気になれなかった。

また、このとき

•From：〝佐藤二郎〟<jiro.sato@XXXX.com>

となっていれば、そのまま返信すると、呼び捨てになってしまう。なので、できれば相手の登録名のあとに「様」をつけて返信したほうがよい。ちなみにぼくは多くの場合、「様」をつけ直して返信している。しかしそれにしても面倒だ。そこで、「様」をつけ直しやすいGmailを使っているほどだ（Gmailは宛先の名称をすぐにテキストで修正できる）。

さらにいっておけば、メールのタイトルに「株式会社〇〇の佐藤です」と、自分の名前を書くのはできるだけやめたほうがいい。開いてほしいからそんなタイトルをつけるのかもしれないけれど、逆の立場だったとして、人の名前が入っていなかったからといってメールを開かなかった経験はあるだろうか。とくに、相手から返信を求める場合は、タイトルには用件の要点を書くべきだ。

たとえばぼくが「未来調達研究所の坂口です」とタイトルにつけると、相手は返信で「Re: 未来調達研究所の坂口です」となってしまい、**相手に呼び捨てという非礼な行為をさせてしまう。**それよりも、タイトルを読む時間だって何秒かかかるわけだから、相手の時間を尊重し、タイトルにはメールの目的を書くべきだ。

逆に相手の名前の入ったタイトルでメールが届いた場合は、タイトルを修正して送ってあげたほうがいい。「○○株式会社の佐藤です」とあったら、返信では「○○株式会社佐藤様へのご返信です」とか「いただいたご質問についてのご回答」など。それにしても、自分の名前がそのまま呼び捨てにされてメールを受け取るひとの気分はどんなものだろうか。

メール作法はある意味、礼儀に関わる。だから、完璧なルールはない。だけど、このていどは実践しておきたい。そして、次の章では本格的に、文章の「計る」「数える」「記録する」仕事術を説明していこう。

第2章

# 文章がうまい人は、メッセージをどう絞るのか？

①
文章には事実や
論理だけではなく、
必ず読者が起こすべき
行動を入れる。

②
文章には個人の
信念は不要で、
目的を達する
書きかたさえすればいい。

③
文章を読みやすく
するためには
漢字比率28％以下、
一段落150〜
200文字などの
テクニックを盛り込む。

テーマ 1

# わかりやすく、面白く、役立つ文章には「アクション」を入れる

## どんな文章にもFALの3つを入れておく

ぼくは処女作を出版するときに、はじめて企画書なるものを作成して持っていった。この企画書の話はあとでする。それで運よく企画が通ったときに、編集者から「原稿は2ヶ月でお願いします」といわれた。ぼくはもちろん合意した。

でも、1冊あたり何字くらい書けばいいんだろう。もちろん、内容による。だけど、平均は10万字くらいだ。途方もない数に思えた。それまで短い文章は書いていた。会社で何ページにもわたるレポートを書いた経験もある。だけど、10万字とは400字詰原稿用紙

の250枚に相当する。どうやって書けばいいのかわからなかったけれど、試行錯誤を重ねながら、そこから25冊出版したので250万字ほど書いたことになる。メールマガジンや連載原稿などもあるから、実際はもっと多い。

多くのビジネス書作家は執筆を専門のライターにまかせている。それも一つの手段だろう。しかし、プロのライターでもたいして文章がうまくないことも多く、かつぼくの場合は趣味として他人が書いたものをそのまま出版できない。だからこれまで出版した文章はすべてぼくの手によるものだ。

たいへんだったか？　もちろんたいへんだった。ただし、処女作を書きはじめるときも、ある種の楽観があった。それは、文章も「型」を作れば大丈夫だろうという楽観だった。ぼくは文章を書く専門家ではないけれど、いくつかの「型」を編み出してきた。それをこれから披瀝したい。

ところで、その基礎の基礎として、ビジネス文章であれ私的文章であれ、禁止したいフレーズが2つある。

**1．「紙面が尽きてきたので、また今度」「文字数が終わりに近づいたので、残念ながら別の機会に譲りたい」などの文量制限言訳文章**

**2．「さらなる熟議が求められる」など結論箇所を読者に放任する文章**

1．について。あなたがなにかの講演をしているとしよう。前半で力が入りすぎて、後半部をじっくりと説明する時間がなくなったらどうするか。最悪なのが、駆け足で説明してしまい、なんだかわからなくなってしまうことだ。そんなときのマジックワードがある。それは、後半の説明をばっさりと切ってしまい「これで今日、私がいいたいことはすべて伝えることができました」というのだ。これだけで講演の満足度があがる。逆にいえば、聴衆は講演者の網羅性ではなく単一の主張を求めている。これは文章でも同じだ。さまざまな反論や例外ばかりを考えていると、どうしても前半部が長くなってしまう。だから最後は核心に近いのに「紙面が尽きてきたので、また今度」といわざるをえない。

もし、書き手がすでに原稿でいいたいことを述べていたとしても関係がない。読者には大事なポイントが述べられていない気がするのだ。もちろん、2回にわけて読んでほしい場合はよいだろう。しかし、そのようなときも文量を言い訳にすると、書き手の未熟さを表現してしまう。与えられた文字数やページ数に応じて構成や内容を決めるべきだ。

そして、2．について。読んでいて面白い文章は、読者の行動を喚起するものだ。「で、結局のところなにすりゃいいの？」と思わせる文章は、資料とおなじくつまらない。「さらなる熟議が求められる」とは「どうすりゃいいかわかんないから、みなさんで考えてよ」と正直に吐露してしまっている。正直さもよいけれど、それでは背景や事情説明にすぎない。もちろん、読者の行くべき道について断言できない場合もあるだろう。しかし、そんなときでも、自分はどうすべきと考えるのか、自分は実際にどうしているのかは書ける。この「自分はどうしているのか」を書けば、読み手は面白さを感じる。

そこで、まずは抽象的になってしまうけれど、自分の文章にはFALという3つが含まれているかを常に確認しておこう〈図1〉。

- FACT：事実のこと。文章とはなにかを伝えるものだ。そのときに、具体例がなければつまらない。
- ACTION：これはその文章を読んだひとがとるべき行動だ。繰り返すと、断言できない場合も、少なくとも自分がどうしているか、どうする予定かを書く。これがなければ役に立たない。
- LOGIC：論理のこと。事実から主張へとつなぐ道筋のことだ。これもあとで説明するけれど、思考の形式がめちゃくちゃであれば説得性をもたない。

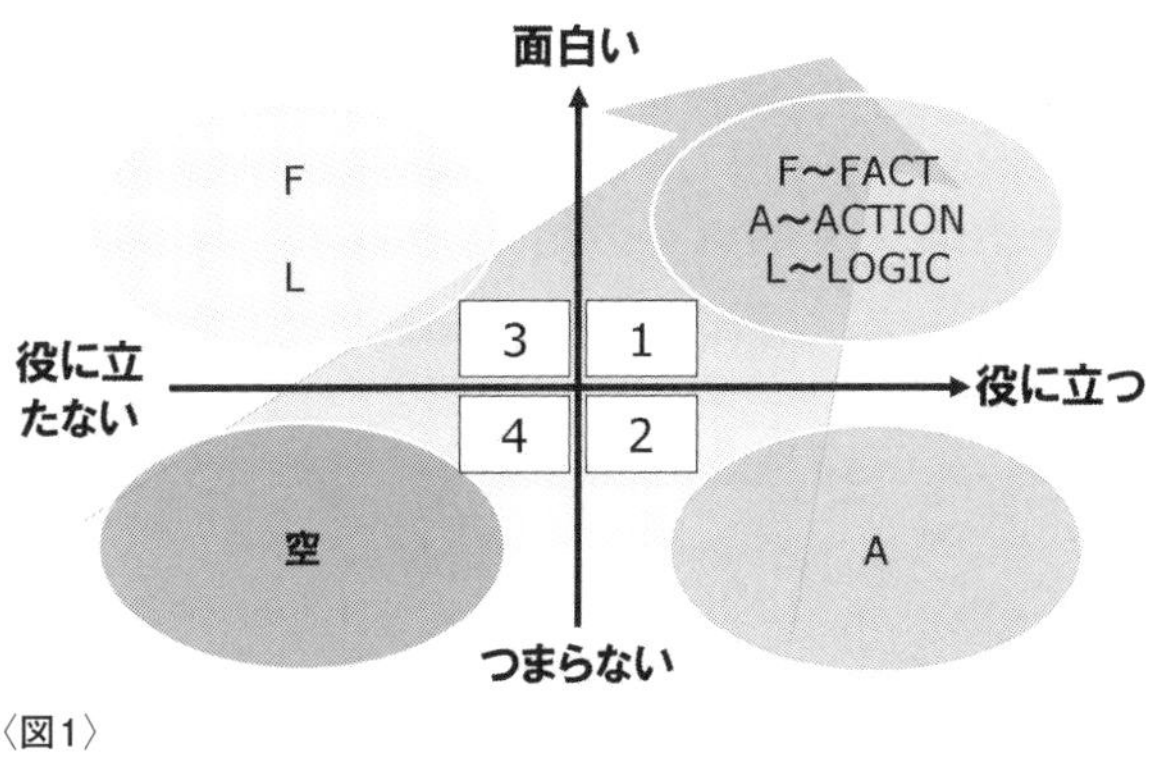


〈図1〉

ぼくたちが書くべきは面白くて役立つ文章だ。３要素すべてないのは問題外として、Ａのみの文章もよく見られる。「こうしよう、ああしよう」と述べるだけでアジテーションにしかなっていない。そうじゃなくて、文章形式の意味は、その行動の正しさをしっかりと証明することにあるんだ。

もしかすると、読者に「笑う」という行動を求めるかもしれない。ところで、世の中で笑ってしまうコラム名手は、例外なく論理的だ。山本夏彦さんしかり、呉智英《くれともふさ》さんしかり、小田嶋隆さんしかり。事実を論理的に重ね、「えっそこにつなげるのか！」と論理の妙でぼくたちを笑わせてきた。

文章を書くときに遠慮はいらない。誰彼かまわず批判しろ、といってはいない。そうではなく、反論があろうとも主張をしっかり書く。新しい内容が書かれていない文章は存在意義がない。さらに進めると、批判や論争の巻き起こらない文章も、意義は薄いだろう。コミュニケーションとは勇気のことだとぼくは思う。

## 文章の目的と対象者、メッセージの3つを考えておく

さて、ここから文章の構成の基本を述べていきたい。まずは第1章の資料作成のところ

と基本的には変わらない。目的・対象者・メッセージ、そしてストーリーが必要になる。重複する内容は説明しない。ここでのストーリーは、文章の論理構成だと考えてほしい。

- **目的：この文章を読んだひとになにをしてほしいのか**
- **対象者：誰が読むのか、読んでほしいのか**
- **メッセージ：この文章によってなにを伝えたいのか**

資料もそうだけれど、文章は資料以上にごまかしがきかない。資料は図やグラフを貼り付ければ、読み手もなんとなく理解した気になる。しかし、文章は文字だけで説得しなければいけない。

このうち、対象者はあえて文章に書く必要はない。ここでビジネスマンがもっとも書く機会の多い社内文章を考えると、配布先が対象者を規定する。そしてビジネスマンが文章を配布する先は、基本的に時間がないひとたちだ。文学作品を読みたいわけではないので、できるだけ短時間に要点を知りたいと思っている。資料は説明するひとが聴き手の時間を制約するけれど、文章の場合は読み手が時間をコントロールする。

よって、ビジネス文章の基本は、

**●時間がない人でも、要点を素早く知ることができるものであり**
**●かつ読み手の都合によっては、細部まで確認できるもの**

である必要がある。根底に流れる思想は、あくまで読み手の立場に立って書くことだ。文章を書きたい順に書いてはいけない。あくまで読者が読みたい順に書く。

アメリカ著名人の伝記は、多くが優秀なゴーストライターによるものだ。それらをいくつか手にとってみるといい。生まれて成人するまでを順に追うものではなく、冒頭にクライマックスシーンが書かれている。最初につかみ、読者の関心をひいている。

ここで一例として、会社で利益改善プロジェクトを発足するときの、他部門への協力要請文章を考えよう。文章を書くひとの思考はこうだ。

**●「こういう背景がある（売上低迷、競争環境激化、社内コスト増大）」**
**●↓「したがって、こうしなければいけない（利益改善プロジェクト開始の必要性）」**
**●↓「協力してほしい（各部門からプロジェクトメンバーを1名選定してほしい）」**

説明では、これを入れ替える。

●「プロジェクトを発足する（利益改善プロジェクト開始の必要性）」
●→「各部門は協力してほしい（各部門からプロジェクトメンバーを1名選定してほしい）」
●→「なぜならば、こういう背景がある（売上低迷、競争環境激化、社内コスト増大）」

部門長各位
お世話になります。
このたび社長命令にて緊急利益改善プロジェクトを開始する運びになりました。つきましては、11月1日のプロジェクトキックオフ会議にあわせて、部門より1名ずつ当プロジェクトメンバーの選定と当会議への参加指示をお願いいたします。（やってほしいことを端的に書く）
この緊急利益改善プロジェクトとは、当社の2期連続赤字決算を受け、外部調達費の見直し、製品仕様の見直し、社内コストのムダ撲滅を目的とし、来期までに100億円のコスト削減を全社で取り組むものです。（内容の概要を書く）

当プロジェクト発足の背景は次のとおりです。

理由1：売上低迷
昨今の顧客需要は…………

理由2：競争環境激化
さらに競合他社の参入により…………

理由3：社内コスト増大
また固定費の増加が…………
（背景を具体的に述べる）

これ以降は、プロジェクトの取り組み内容詳細、活動予定などを述べていけばいい。繰り返すと、趣旨は相手にやってほしいことから、メッセージの概要、背景や細部に移ることだ。多忙な読み手であっても、最初の数行さえ読めば、部下に転送できる。「そんで結局、なにしてほしいんだ？」と疑問をもたせてはいけない。読み手が賛成しようが反対しようが、まずは書き手の意図を「そういうことね」と理解させねばならない。

ちなみに神田昌典さんの『お金と英語の非常識な関係　上・下』（フォレスト出版）では、↓↑マークに挟まれた文章だけを読めば上下巻を1時間で読めるとしている。多忙なビジネスマンには最高の工夫だったはずだ。

そして例文では、その後に、背景を3つ書いている。根拠だとか、ポイントだとかを書く際、ぼくはできるだけ3つ以内に集約している。絶対に3つである必要はない。ただし、10も20もあっては読み手も覚えていられない。3つ〜7つがベストだ。

ただ、若手であれば、無理にでも3つにまとめる練習をするといい。なにかを質問されたら、「私はこう思います。根拠は3つです」と、まずいってしまう。そして話しながら考える。

たまに、3つあります、といってしまってから3つ思いつかないときがある。そんなときはどうするかって？　簡単だ。2つ目を繰り返せばいい。「若いビジネスマンに必要なことは3つあると思います。1つ目は継続した学習。2つ目は仕事への情熱。3つ目は……なんだと思いますか（といいながら考える）。やはり情熱だと思います。学習、情熱、そしてやはり情熱」というように。

さて、文章の話に戻す。

文章で根拠を3つ〜7つ述べるとき、確認すべきポイントは次のとおりだ（このポイントも3つあげた）。

1. 重要な項目は網羅できているか
2. それら項目は独立しているか、ダブっていないか
3. 相関と因果を混同していないか

このうち、1.2.についてはMECE（ミッシーと読む）と呼ばれることもある。漏れなく、ダブりなく根拠をあげているかを確認する。3.は、あげた項目が正しい原因であるかの確認だ。たとえば、世帯所得に比例して家にあるテレビが大きいとする。そんなときに、テレビが大きければ、お金持ちになる、と誤った説明をしてはいけない。当然だけれど、お金持ちだから、テレビが大きいわけで、逆じゃない。また、編集者が本好きであることはもちろん、相関があるだろうけれど、本好きだから必ずしも編集者になるわけではない。また、なれるわけではない。

相関とは、2つの事項に関連性があることだ。因果は、ある理由ゆえに、結果が導かれることだ。単なる関連と理由は同じではない。たまに、「これには3つの理由があります」と自信満々に書いているひとのうち、どうも相関関係があるだけなのに、それを因果として述べている場合がある。自分が文章を書くときには、ほんとうにその理由が結果を導いているのかチェックするようにしたい。

テーマ 2

# 自分の信念を曲げても求められている文章を書く

## 文章の主張や媒体によって3つに書きわける

ここでは、ビジネス文章以外をとりあげよう。ビジネス文章は、自社利益の追求を目的とするから大きくはブレない。ただし、いわゆるオピニオン文章の場合は、書き手の自由度がぐっと増す。

ただ、ぼくはあくまでも文章は、読み手を主体として考えるべきと思っている。これからはぼくの例文をもとに、読み手を意識し「型」を使った文章について見ていこう。

まずはこんなシチュエーションから文章を書く場合だ。

この前、ぼくはあるセミナーを受講した。セミナールームに行くと、会場の外まで受講者があふれていた。すごい人だな、と思ったけれど、なんてことはない、受付の女性が新人だったようでモタモタしていた。受講者の名前を訊いて、チェックして、資料を渡して、席を指示する。それだけなのに、ひたすら遅い。受講者から「領収書はどうなった」と訊かれ、あとで対応すればいいものを、誰かを呼びに行って、受付を止める。

この時点で帰ろうかと思った。しかも待っているひとたちへの気遣いもない。あとから聞いたらインターンシップで働いている学生だったようで、不慣れなわけだ。会社からすれば受付くらい誰でもできると考えただろうけれど、セミナー参加者は長いあいだ待たされて不愉快なまま席についた。これではセミナーがよくてもソンをする。そのセミナータイトルはマーケティング講座だったけれど、その会社の「マーケティング」には顧客満足がないのかと訝《いぶか》しんだほどだ。

……とまあ、ぼくの品川での出来事を述べた。

ところで、ぼくはこの出来事を、事実と感想を交えて書いた。主観が入っているから、正確な記述とはいえない。事実は1つだ。だけど、感想が入った瞬間に、文章はさまざまに形を変える。**ここで重要なのは、みずからが抱いた感想と、それをどう記述するかは別問題であること。つまり、感想とまったく違う内容を書いてもいい**。当たり前だけれど、これは強調しておきたい。

なぜなら、文章は「心で感じたままに書きましょう」とする教えを信じているひとがいるからだ。そうじゃない。**心で感じたままではなく、目的に応じて書くんだ。**そのためには、自分の心をねじ曲げたっていい。もちろん、日記やポエムなら、ありのままに書いてもいいかもしれない。だけど、ぼくたちは、なんらかの意図をもって文章を書く。だから、その**目的のためには、自分の気持ちなんていうものを前面に出しちゃいけない。**

ここで3つ考えてみよう。

**1．左翼新聞でこの女子学生と世相をからめたエッセイを書く場合**

**2．右翼新聞でこの女子学生と世相をからめたエッセイを書く場合**

**3．雑誌でこの女子学生を描いたコラムを書く場合**

この分類がすべてではなく、ここでは目的によって、書くべき内容や文体を変えざるをえないとご理解いただきたい。みなさんが原稿を書く立場だとして、これだけのエピソードから、3つの媒体に書かねばならないとしたら、どうするだろうか。以下は、ぼくなりの「回答」だ。

## 1. 例文：左翼新聞でこの女子学生と世相をからめたエッセイを書く場合

ことわざ「情けは人の為ならず」をふと思い出した。先日、某所で公開講座を受講したときのことだ。次々にやってくる聴講者をさばく受付には女性がひとり。彼女が不慣れで受付は手間取り、開始時間ぎりぎりまで参加者は待たされた。みな、もどかしい不愉快な顔が並んでいた▼しかし、訊いてみると、彼女は学生でインターンシップとして働いているという。おそらく、少しでも早く社会を覗いてみたいと思い応募したに違いない。社会で働くことの意味を実践によってたしかめたいと、強く願ったのだろう▼欧米では企業が業務経験者しか採用しないために、新卒就職が困難になっている。企業側としても教育費が捻出できず、即戦力を求める傾向はこれからより顕著になるだろう▼しかし、誰もが最初は初学者である。彼ら彼女たちを私たちが温かく迎えなければ、どの企業に未来があるだろうか。そして、社会に出る彼らに冷たくする国に将来はあるだろうか。損得にかかわりなく彼らを育成することが私たちに課せられている▼いつから私たちは実力主義の名のもとに、至らぬものたちを排除しようとしてきたのだろうか。彼らを劣るものとして扱うことに社会はもはやいささかの逡巡もない。ただし、私たちの社会を豊かにするのもまた途上の彼らの存在であることを忘れてはならない▼弱い立場を笑うことはできる、と同時に、同情することもできる。多くの場合、支援することは難しい。思うに先日の公開講座では、聴講者が受付の彼女を支えることはできなかっただろうか。聴講者自ら受付を手伝えば、効率的なだけではなく、聴講者同士の交流にもなっただろう。批判の多い戦後民主主義だが、それが説いた平等と助け合いの精神だけでも後世に残したいと思うのは夢想だろうか▼外では真冬の風がひゅーひゅーと吹いている。弱きもの、至らぬもの、そして社会に出たばかりの彼らに寒風があたらぬように祈るばかりだ。

## 2.例文：右翼新聞でこの女子学生と世相をからめたエッセイを書く場合

有名な狂歌に「世の中に蚊ほどうるさきものはなし、ぶんぶ（文武）といふて夜も眠れず」がある。松平定信の寛政の改革において、文武両道がうるさく推奨された時勢を強烈に皮肉ったものだ。しかし、文武両道とはもともと、上に立つものは、それなりの学問を修めなければならないとする意味がある▼現代でいえば、さしあたり文労両道となろう。働く私たちは、単に利益追求だけではなく、広く教養を身につけねばならない。昨今のビジネスマンに著しく欠けているのは、哲学であり、歴史観だ。グローバル化時代だからこそ、日本人としての哲学や各国間の歴史背景を深く知る必要がある。哲学なき技術は凶器だと故・本田宗一郎氏はいった。世界のリーダーたるわれわれが文労両道を意識することは、成熟国家の美を世界に見せることだ▼しかし昨今では、教養を学ぶ機会を放棄する若者であふれている。先日、某講習会に参加した。受付の不慣れな女性は、現役大学生で、インターンシップとして働いているという。たしかに、大学の授業よりも実社会で働くほうが刺激的かもしれない。企業も大学で学ぶことなど役に立たないと、利益追求の実践のみを重視しているのだろう。しかし、学生とは、学び生きる者である。本来の教養修得機会を捨て去った先に、真の国際人などありえるだろうか。尊敬される国の一員たりうるだろうか▼現在、傍若無人なふるまいがお得意な隣国が、これまでの各国間の歴史を無視して、領土を奪い、各国企業を圧迫するなど、政治と経済のパワーゲームに勤《いそ》しんでいる。しかし、本田宗一郎氏の言葉を借りるならば、哲学なき政治や経済は凶器である。少なくとも、尊敬されぬ国家の栄華など、たまゆらであると私たちは心得るべきだろう。いま一度私たちは文武両道の精神に立ち返るときにきている▼その時代にあって、日本人学生が学習しなくなったことは、ある種の「反動」であろう。4年間は学びのためにある。社会人の真似事をする期間ではない。この声はどこまで届くだろうか。彼らが「世の中に爺ほどうるさきものはなし」と詠まぬよう願うばかりだ。

## 3. 例文：雑誌でこの女子学生を描いたコラムを書く場合

これまで私は2回ほど会社を辞めた。もちろん、いろんな理由があるけれど、仕事からそれ以上は得るものがないと思い上がったのと、繰り返しに耐え切れない私の飽き性にあった。ようは、それぞれの会社がどういうものだかわかってしまった。すくなくともわかったと思い込んだ。恋愛でも「あなたのことをもっと教えて」とはじまり、「あんたがどういうやつだか、もうわかっちゃった」でおわる。

自分を棚に上げるようだけれど、私は転職を勧めない。ひとは不満があるから、他の選択肢を見つけるのではない。他の選択肢があるからこそ、現状の不満を感じるようになる。生涯ひとつの会社に勤め、あるいはお見合い結婚から死ぬまでパートナーに連れ添うことが一般的だったとき、ひとびとの意識は不満や逃避ではなく、目の前の現実を改善しようとした。選択肢の増加がほんとうの意味で幸福につながっているかはわからない。

現代ほど転職がさかんになった理由は、社会人たちがつながりだしたからだ。かつて、会社に入ってしまえば、同期・同僚とのつきあいがほとんどで、取引先を除けば「似たもの同士」の交流だった。しかしいまではSNSなどを通じて、学生時代からの友人関係を継続しているひとがほとんどだ。必然的に自社の相対的位置づけを知ってしまう。各企業の実情が明らかになるにつれブラック企業なる単語が登場したのは興味深い。

新人社員のアンケートによれば、なんとか入社した企業にしがみつこうとする傾向が高いのに、実際には3年以内で3分の1が辞めてしまう。せっかく採用した新人に辞められては企業の教育コストはかさみ続ける。某IT企業では師弟制度や社員旅行を復活させるなど、会社の色に染めようとしている。

先日、某セミナーを受講した。受付があまりに時間がかかっている。見ると、つたない素振りの女性が一人。訊いてみると、なんでもインターンシップで働いているようだ。彼女に企業が報酬を払っているかは知らない。受付業務をずっとやっているようだけれど、それでスキルが身につくとは思えない。見ていると、待たされたお客にたいし、お詫びで3分間8回ほどのおじぎをしていたから、45度のかがみ方は習得しているようだ。大学に戻ったら、「きょうはしゃざいを、まなびました」とでもレポートするのだろうか。「受付って難しい！　テヘペロ」とつぶやくのだろうか。そして、中途半端な経験のあとに、学生生活に戻る。

仕事をやるとき、もう元には戻れない状況が功を奏する。やらなきゃ生活できない切迫感でひとは仕事に集中する。インターンシップは、正社員でない学生に仕事をさせる。仕事での成果とは、何ヶ月もかかるのが普通だから、大きな喜びを感じるのは難しい。そう考えると、インターンシップでは仕事のややこしさと、面倒さと、苦しかった思い出しか残らない。繰り返すと、仕事のほんとうの愉悦は、短期間で得られるものではないからだ。

そうすると、インターンシップによって学生はおかしな先入観を抱くだけで、新人社員の早期離職をむしろ推進するだろう。それこそ「もうわかっちゃった」気になるからだ。

「すると、なんですかい。このコラムの結論は、学生は勉強しろと」

ううむ。平凡だけれど、大学で学べることはたくさんあるはずだろ。

「学費の振込方法とか、他人のノートのうまいコピー方法とか？」

それと、代返をうまくお願いするコミュニケーション力とかな。

「つまらない授業で寝ない訓練も必要ですぜ。会社に入ったら眠い会議ばかりで」

そうだな。行くコト自体が重要なんだよ。

「大学（だいがく）を入れ替えたら、『だが、行く』になりますしね」

冗談かよ。ただ、学生なら友達と飲み続けても、それは貴重なモラトリアム期間だよ。

「学生（がくせい）を入れ替えたら、『胃がくせー』になりますしね」

学生諸君の健闘を祈る。

## 模倣した文章の「はじまり」「飛躍」「主張」「締め」の4箇所を抽出する

1．は某新聞の1面コラムを1ヶ月分ほど読んで書いた。2．もおなじく、某新聞の分析結果だ。そして、3．はぼくの好きなコラムニスト諸氏を分析したものだ。1．の例文は嘔吐をもよおす内容になっている。2．の例文も正論すぎてつまらない。3．は数点ほど「なるほど」と思わせるポイントを配置し、書き手の毒やクセを前面に出しておいた。

およそ1．2．は商品として価値があるのか疑ってしまうものの、ここでは需要があるからビジネスが成り立っているのだ、と考えておこう。1．ではささいな出来事を拡大解釈し、現代の問題点をえぐった気になり、で、結局なんだかわからないけれど、まあ時間つぶしになったかな、と思える。そういう文章が求められているのだ。2．もおなじだ。

1．を書くとき、ぼくはこのように分解した。一つひとつの文章をそのまま読むのではなく、1つ抽象度をあげて、そのシステムを抽出するのだ。

①**「はじまり」**：（ことわざ、古語、名言など、誰かの権威を借りた引用が多いなあ）

②**「飛躍」**：（そして、日常のささやかな出来事を、いきなり社会の大問題かのように語り

だす。なんだ、この独断と偏見は！　そして高所から、現代の問題点を嘆いてみせる）

③「**主張**」：（誰も批判できないような、ゆえにつまらない結論。人権、他者への優しさ、助けあい、環境、コミュニティ……等々の必要性を語る。ここに読者として新たな発見などない）

④「**締め**」：（自然とか季節とか、まったく無関係な引用。それにオヤジギャグのように、これまでの文章をくっつけておしまい。このコラムを書くだけの社員がいるのは凄いなあ。俺ならこれくらい何本でも書けるぞ！）

と、いう感じでメモしていった。まあぼくのたわごとは無視してくれてかまわない。繰り返すと、重要なのは文章そのものではなく、システムだ。このていどの分解であれば誰だってできる。分解結果もわかるのが、その媒体で「読者から求められる」文章だ。あとは、これにしたがって書いていけばいい。ぼくのサンプルはすでにあげた。

よくすぐれた文章を書くために何をすればいいかを訊くひとがいる。ぼくの答えは簡単で、**書かねばならない「模倣すべき」文章の型を分析すればいい**。

ところで、このような話をすると、「求められる型から脱却するのが大切ではないか」と意見をおっしゃるひとがいる。それに対するぼくの答えは、

**・文才のある人ならともかく、ほとんどのひとは凡才なので、型を学んだほうがいい**
**・それに、型から脱却するにしても、まずは型を分析しなければ、逸脱すらできない**
**・また、型にはまったくらぃで、文章からにじみ出てくるその書き手の個性がなくなるとすれば、そもそも個性なんてないので、それを考える必要すらない**

となる。

ちなみに、ぼくは高校生のころ、「宝島30」を読んでいた。「宝島30」とは、小田嶋隆さんや浅羽通明さん、宮崎哲弥さんなどが活躍した伝説の雑誌だ。同誌のウリは、若手文化人の評論にあり、いまだにぼくはその影響から逃れられていない。ただ、それら署名記事以上にぼくの目を引いたのが、編集部の誰かによる雑記だった。そして、なぜだかわからないが、その文章が、面白く、教養にあふれたものに感じられた。なによりこの文章を書いているひとがただものではないと、稚拙な読書経験しかもたなかったぼくにもわかった。

その文章が、のちにベストセラー作家となる橘　玲《たちばなあきら》さんによるものとわかったのは、それから15年後だ。宝島社から取材を受けたとき、たまたま担当者がかつて「宝島30」の編集者だったので教えてくれた。「あなたのように、あの文章は誰が書いたものかと、問い合わせを受けた経験は一度や二度ではありません」とも。

型にはまった文章であっても、すぐれた筆力や個性を示しうるのだと理解できた経験だった。氏が金融の文章を書いても、当分野に関係のないひとが惹きつけられるのもそのせいだろう。橘玲さんの全著作を読んでいる身としては、合点がいった。

**ぼくは書き手の個性などを信じていない。どうしても個性を強調したいのであれば、型を使いわける器用さをもてば、一つの個性になるだろう。**

そして加えていっておくのであれば、文章の型を多くもち使いわけられれば、文章を書く行為そのものにある種の愉悦を与える。心から湧き出るものを捕まえるのが文章ではないか、との反論には、「では、それをより伝えるために型を学ぼう」といっておきたい。

テーマ 3

# テクニック編① 文章の漢字比率を下げて読みやすくする

## 文章の漢字比率は28%以下にする

ぼくはいくつもの出版セミナーや文章講座に参加した。「わかりやすい文章を書きましょう!」という講師に文章の書き方を習ったけれど、いまではほとんど覚えていない。「わかりやすい文章とは、読みやすい文章です」というひともいた。それではパラフレーズにすぎない。なにもいってないのとおなじだ。

- 「漢字を多くしすぎてはいけません」。では、具体的にはどれくらいに抑えるの?

「それは感覚です」。……。

●「1つの段落で文量は多すぎても、少なすぎてもいけません」。では具体的な文量は？
「それも感覚です」。……。

●「流れるような文章を書かねばなりません」。流れるようにって？「それも感覚です」。……。

だからぼくは実践と分析によって文章を学ぶしかなかった。構成や型についてはすでに述べた。ここでは、一つひとつの文章における、具体的な書き方についてだ。実践や分析によってわかったのが、漢字比率も1つの段落文字数も、流れる文章のための法則も、決まっていることだった。

福沢諭吉は『文字乃教』のなかで、「文章を書くに、むつかしき漢字をば成る丈け用いざるよう心掛ることなり」と、難解漢字を廃するよう述べた。梅棹《うめさお》忠夫さんは『知的生産の技術』（岩波新書）のなかで、ひらがなを多用するように述べている。実際、梅棹忠夫さんの文章はひらがなが多用され、たいへん読みやすい。

まず漢字比率に注目したぼくは、ベストセラー本を買い集めた。もちろん、ベストセラーだからって文章がすぐれているわけじゃない。ただし、少なくとも多くのひとが受け入れたのは事実だ。その本を読み終わったかは別にして、多くのひとが立ち読みで「読んでみよう」と思ったには違いない。

そこで、ぼくはベストセラーを裁断してバラバラにして、スキャニングした。その後OCR（文字認識ソフト）を使って、スキャニング画像を文字データ化した。さらに、そこからひらがな、カタカナ、数字を抜くプログラムを作った。そうすると、漢字だけが残るから、漢字比率が計算できる！　これを繰り返すと、ベストセラーは全体の文字数のうち漢字が25〜28％を占めるとわかった！

これでぼくの一つの指針ができた。もちろん仮説かもしれない。だけど、**読みやすい文章のためには、漢字比率を25〜28％に抑えればいい**んだ。もちろん、数えて計算できるほど頭はよくない。でも、文章を書き終わったあとに、おなじくプログラムで検証してみればいい。漢字比率が高ければ、書き直す。そうすりゃ、読みやすくなるはずだ。なんたって、編集者に漢字とひらがなの使いわけを訊かれたときに、根拠とともに説明できれば、かっこいい。

**具体的にどんなプログラムを使えばいいか。Visual Basicを使えばいい**。そこで、本章末に書いておいた。もっとスマートなコードはあるだろうけれど、ぼくたちは文章の漢字比率を調べられたらいいから、多少の不具合には目をつぶっておこう。

さて、そのようにベストセラーを分析したあと、自分の文章も分析してみた。すると、漢字比率は30％を超えていた。これは直感的な話になるけれど、**漢字比率が30％を超える**

**と、なんだか堅苦しい**。実際に、よく売れている本は漢字比率が30％を超えているものは、あまり多くなかった。

そこでぼくは、漢字比率が下がるように工夫してみた。具体的には、「ぼく」「くらべる」「おこなう」などをひらいてみた。ひらくとは、漢字ではなくひらがなを使うことだ。専門書や論文を書くときは、文章を堅苦しくするために、意図的にひらいていないことがある。だけど、読みやすさを追求するときは、漢字比率を考える。

この指針は個人的に気に入っている。というのも、これまで「私」がいいとか「わたし」がいいとか、「僕」がいいとか「ぼく」がいいとか、さまざまな論があった。でも、文章全体の漢字比率を25～28％程度にせよ、であれば、全体の率さえ考慮しておけばいい。特定の単語を漢字にするかひらくかの選択は、個人のルールにすぎない。

内容ではなく、漢字の数、形式に文章の印象が左右されることは、ぼくにとって発見だった。一度、意図的に漢字比率を約40％、約30％、約20％にした文書を書いてみればいい。おなじ書き手のものとは思えないはずだ。本章の冒頭文章を使ってやってみよう。

**1．（元の文章・漢字比率約30％）**：ぼくは処女作を出版するときに、はじめて企画書なるものを作成して持っていった。この企画書の話はあとでする。それで運良く企画が通ったときに、編集者から「原稿は2ヶ月でお願いします」といわれた。ぼくは

もちろん合意した。（29漢字÷106文字）

**2.（漢字比率をあげた文章・漢字比率約40%）**：僕は処女作を出版する時に、初めて企画書なる物を作成して持って行った。この企画書の話は後でする。それで運良く企画が通った時に、編集者から「原稿は2ヶ月で御願いします」と言われた。僕は勿論合意した。（41漢字÷97文字）

**3.（漢字比率をさげた文章・漢字比率約20%）**：ぼくは処女作を出版するときに、はじめて企画書なるものを作成してもっていった。この企画書のはなしはあとでする。それでうんよく企画がとおったときに、編集者から「原稿は2ヶ月でおねがいします」といわれた。ぼくはもちろん合意した。（23漢字÷111文字）

どうだろうか。1．にくらべて、2．は堅苦しすぎ、3．は柔らかすぎると思ったのではないだろうか。ぼくは、ベストセラーの漢字比率を読者が意識して選択したとは思わない。だけど〈「みんなの意見」は案外正しい〉（©ジェームズ・スロウィッキー）から、集団的無意識を使ってもソンはしない。

テーマ

# 4 テクニック編②

# 文章の段落ルールを決め、さらに読みやすくする

## 1つの段落は150~200文字を基本とする

また、段落について、簡単なルールは「いいたいことを1つにする」だ。2つも3つもおなじ段落に盛り込んではまとまりがなくなる。これは小学校でも習うものの、意外に実践できているひとが少ない、とされる。

だけど、このルールは考えてみるに、けっこう難しい。

というのも、1つの文は、1つの意味をもつ。ならば、究極的には一文ごとに改行することになる。実際に、作家の中谷彰宏さんはそうしている。しかし、その逆に拡大解釈す

れば、書籍で語りたい内容が1つで表現できるならば、書籍まるごと一段落にすべきだ。少なくとも章ごとのメッセージが1つならば、章ごとに一段落にせよ、と理屈が成り立つだろう。

ただし、一文ごとに改行するのも、書籍まるごと一段落にするのも、おかしいとぼくたちは直感的に知っている。もちろん、中谷彰宏さんのように、そのスタイルが芸と化している例は別だ。だけど、一般人のぼくたちはどう考えればいいんだろう。

結論からいうと、1つの段落は150~200文字を基本として、「区切りやすい」ところで改行すればいい。マイクロソフトのワードを使っているひとが多いだろうけれど、カーソルを使って文字を選択するだけで、すぐに文字数を表示してくれる。そこで改行で迷ったら、150~200文字を超えていれば、段落のなかで改行できるポイントがないか確認すればいい。

早すぎる改行も、文量の多い改行も「アリ」だ。絶対ダメではない。ぼくもこのルールにしたがって書いているけれど、たまには約300字の段落になってしまう。ただし、基準を決めておくだけで、文章のなかに統一感が生まれる。

## 「～が、」はできるだけ避ける。ただ意識しすぎない

　また、文章のなかでは極力「～が、」を使わないほうがいい。「今日は晴れたが、部屋にいた」くらいの文章だったら、「今日は晴れた。しかし、部屋にいた」と逆接かもしれないとわかる。ただ、「今日は晴れたが、明日も晴れるに違いない」になると、読み手に違和感を与える。

　「～が、」とは逆接と順接のどちらもある。「ぼくはA君が好きだが、B君はキライだ」とも「ぼくはA君が好きだが、B君も好きだ」ともつなぐことができる。両方あるので、読み手が混乱しがちになる。この文章でいえば、「ぼくはA君が好きだ。しかし、B君はキライだ」とか「ぼくはA君が好きだ。また、B君も好きだ」と文章を短く2つにわけたほうがいい。

　ぼくはこの逆接と順接の「～が、」をほとんど使わずに書いている。「です。ます。」調の書籍では、いっさい使わずに書いたこともある。ただし、意識しすぎないでほしい。文章は目的がある。だから、あまりに意識しすぎて、他がおろそかになってしまったらどうしようもない。それに、文体として「～が、」を意図的に使う場合もある。

　やや定性的な話になってしまうけれど、どうしても「～が、」を使うなら、一節で多く

ても1つ。さらに、逆接の場合にかぎる、といったていどにしておこう。それにしても、「〜が、」をまったく使わない執筆は、ほんとうに苦しかったし、時間がかかる。

## 「〜こと」「〜ほう」「〜という」はできるだけ避ける。ただ意識しすぎない

さらに、「〜こと」「〜ほう」「〜という」も可能なかぎり避けよう。たとえば「努力は大切」と書くとする。たったこれだけなのに、

- 「大切なことは、私たち一人ひとりが努力をすることです」(「〜こと」を使用)
- 「私たちは、努力をするほうがよい結果になることを知っています」(「〜こと」「〜ほう」を使用)
- 「私たちは、運に頼るのではなく努力というものを重ねるほうが、いつかは実を結ぶということを知っています」(「〜こと」「〜ほう」「〜という」を使用)

などと、いつだって「〜こと」「〜ほう」「〜という」が顔を出す。自然に書いてしまうと、

「～こと」「～ほう」「～という」を思わず使ってしまうひとが多い。これらが文章のリズムを壊す。

- 「大切なことは、私たち一人ひとりが努力をすることです」→「私たち一人ひとりの努力が大切です」
- 「私たちは、努力をするほうがよい結果になることを知っています」→「努力がよい結果につながると、私たちは知っています」
- 「私たちは、運に頼るのではなく努力というものを重ねるほうが、いつかは実を結ぶということを知っています」→「運に頼らずに努力を重ねればいつかは実を結ぶと、私たちは知っています」

そもそも「こと」とはなんだろうか。「努力すること」の「こと」とは？　意味がなければ「努力」ではダメだろうか。また、「努力するほう」の「ほう」とは？　これも意味がない。

難しいのは「～という」だ。どうしても、「～という」を使いたいときがある。「『学生は勉強せよ』という考え方がある」とか「『ゆるキャラ』という言葉がある」とか「『営業と詐欺のあいだ』という本がある」とかの場合だ。その際は、次のとおり工夫する必要がある。

- 「『学生は勉強せよ』という考え方がある。これはもっともだ」→「『学生は勉強せよ』と考えるのはもっともだ」（動詞化し統合）
- 「『ゆるキャラ』という言葉がある。この言葉は2000年ごろから広がった」→「『ゆるキャラ』。この言葉は2000年ごろから広がった」（次の文に「～という」の役割をもたせる）
- 「『営業と詐欺のあいだ』という本がある。この本のなかで著者は営業術を披瀝している」→「書籍『営業と詐欺のあいだ』で著者は営業術を披瀝している（「～という」を別単語に置き換え）

他人の文章を読むときに、この「～こと」「～ほう」「～という」が気になると、修正したくてたまらなくなる。もちろん多くの読み手は意識していない。ただ、気づかぬうちにひっかかってしまう文章は避けたほうがいい。

え？　これまで読むかぎりお前の文章も、「～こと」「～ほう」「～という」を使っているじゃないかって？　そのとおり。できるだけ意識して排除してはいる。ただしこれまた、完全に排除することはできない、おっと違った、排除はできない。

これまた定性的な言い方になってしまうものの、「〜こと」「〜ほう」「〜という」は基本的には使わない。ただ、どうしても使う場合にも、一節のなかで連続した使用は避ける。それだけでも、簡潔な印象を与えるだろう。

## 受け身はやめる。主語は近くにおく。「思います」は避ける

最後に、さらに小さなルールを3つ。

一つ目は、**文章のなかで受け身をやめるルールだ**。ぼくもそうだけれど、つい「〜された」と書いてしまうひとがいる。「私たちに課されたミッションは、顧客増加だ」とかね。このときに、受け身として「与えられた」事実を強調したいならしかたがない。しかし、文章で強調すべきは「顧客増加」だから、「私たちのミッションは顧客増加だ」でよい。

「家電量販店は薄利多売と考えられている。しかし、なかには利幅の大きな商品もある」と書くとき、「考えられているけれど、実際は違う」のであれば、受け身でもいいだろう。でも、「ほとんどは薄利多売で正しい。しかし、例外がある」ならば、家電量販店がそう考えられている事実はさほど強調すべきではない。「家電量販店は薄利多売だ。しかし、なかには利幅の大きな商品もある」でよい。

また受け身では文章が長くなる。まわりくどくなる。文章を受け身にしない工夫が必要だ。

二つ目は、**主語と述語をできるだけ近くにおくルール**。よくビジネスマンの文章で「私」がどこにかかるかわからない文章にでくわす。「私は、これからの映画館は単に映画を上映するだけではなく、ファミリー層が気楽に立ち寄り、食事やショッピング、カラオケまでも楽しめる一大娯楽施設に生まれ変わるべきではないか、と思う」。また、「商業施設の課題は、時代の流行に各店舗がついてゆけずに、商品が固定化しイノベーションが起きず、策を打つことができずに、大型店舗の進出によってこれまでの顧客を失ってしまう」とか、主語が離れすぎて、述語につながっていない場合もある。

この事態を避けるためには、主語と述語をできるだけ近くにおくのがよい。そうすれば、はっきりわかるし、主語と述語の乖離《かいり》もなくなる。

そして三つ目は、さきほどの例文にもあった**「私は思います」とできるだけ書かないルール**。文章はすべて、書き手が思った内容だ。「思った」とあらためて書く必要はない。また、主張をするときに「思う」ばかりある文章では、読者が無意識に自信のなさと根拠の薄さを感じる。

あえて「思う」を使うのは、文章に飛躍を与える場合にかぎる。論理的に文章を重ねるときには「思う」は使わない。ただ、論理に導かれた結論に、ある種の色気を出すとき

「思う」を使う。

たとえば、本章では「コミュニケーションとは勇気のことだとぼくは思う」と使っている。これは論理的に帰結する内容ではない。大胆に言い換えたとき「思う」で逃げた。

文章をまずはわかってもらえるように書く。次に共感を与えるように、面白さを与えるように書く。そしてさらに次に読み手に突き刺さるように書く。それを目指す。それが文章を書く行為に愉悦を与えるのではないかとぼくは思う。

もちろん、ぼくもずっと発展途上にいる。

## とはいえ、文章のテクニックは絶対的なものではない

ところで、本書の編集者である竹村優子さんはぼくに「〜という」を排除させていた。理由はおなじく文章のリズムがなくなってしまうからだ。ぼくは内田樹《たつる》さんの影響を受けている。氏は「〜こと」「〜ほう」「〜という」を多用する。くわえて内田さんの文章は「そういうことなのである」「そういうものでよろしいのである」などの微笑ましい断言に満ちている。文章講座だとすぐに添削されそうなフレーズだ。

それに、たとえば村上春樹さんの文章を見てみよう。村上さんが著書『羊をめぐる冒

険』を書き上げたときの回想録だ。

〈この小説を書き上げたとき、自分なりの小説スタイルを作りあげることができたという手応えがあった。また時間を気にせずに好きなだけ机に向かい、毎日集中して物語を書けるというのがどれくらい素晴らしいことなのか（そして大変なことなのか）、身体全体で会得できた。自分の中にまだ手つかずの鉱脈のようなものが眠っているという感触も得たし、「これなら、この先も小説家としてやっていけるだろう」という見通しも生まれた。〉

（レイモンド・チャンドラー『ロング・グッドバイ』訳者あとがきより）

　これを読んだときに、すべての文に「という」があり驚愕した。また氏は「こと」も多用している。

　ただし、内田樹さんの文章は知識の深さで魅了する芸がある。村上春樹さんの文章はなにより世界観とプロットが魅力的だ。仕事術としての文章術とは別物と考えるべきかもしれない。その意味でぼくの主張は変化しない。

　ただ、この章で説明した、文章の基本構成やシステムが一番大事だ。テクニック的なものは、やはり意識しすぎないことも重要だろう。そういうことなのである。うん。

コラム

# 漢字比率の数えかた

多くの読者はマイクロソフトのワードを使っているだろう。「開発」タブから「Visual Basic」を選択してほしい。「ThisDocument」をクリックして、「挿入」→「標準モジュール」を選ぶ。すると、コードを入力する画面になる。

そこにこれを貼り付けてほしい。

```
Sub ひらがな抹消()
    Selection.Find.ClearFormatting
    Selection.Find.Replacement.ClearFormatting

    With Selection.Find
        .Text = "あ"
        .Replacement.Text = ""
        .Forward = True
        .Wrap = wdFindContinue
        .Format = False
        .MatchCase = False
        .MatchWholeWord = False
        .MatchByte = False
        .MatchAllWordForms = False
    End With
    Selection.Find.Execute Replace:=wdReplaceAll

End Sub
```

コードの意味を考える必要はない。ここでは、単純に「あ」が削除される命令文だと思っておこう。実際に「実行」→「Sub/ユーザーフォームの実行」を押せば、ワードファイルに書かれていた「あ」が消えているはずだ。

あとは、改行している「With Selection.Find」から「Selection.Find.Execute Replace:=wdReplaceAll」までをコピーアンドペーストして、「End Sub」の前に貼り付ける。「あ」の箇所を「い」に書き換えれば、「い」も消せるようになる。

もちろんご興味のあるかたのみでかまわないけれど、これを「あ」～「ん」まで繰り返せば、ひらがな抹消ファイルのできあがりだ。

第3章

# 営業がうまい人は、一ヶ月に何回顧客に会いに行くのか？

①
営業活動のような
属人的業務と
思われているものも、
プロセスを分解し
受注できるまでの
確率を明らかにできれば、
あとは回数を重ねればいい。

②
交渉における質問は
4W2Hを聞き出す
ルールを作っておく。
他社と自社との密接度も
面談回数で計測できる。

テーマ 1

# 対人活動の内容を分析し「それを何回やったか」だけに注目する

## 成果をあげるために他者と接する回数を増やそう

これまで無数のコミュニケーション本が出版された。ぼくはコミュニケーションってのがなにを指すのかわからない。だけど、ひととうまくコミュニケーションできれば、交渉がやりやすくなって、モノが売れたりモノが安く買えたり、人間関係が円滑になるらしい。その魔法のツールがコミュニケーションスキルらしい。

でも、その手の本を何冊読んでも、研修やセミナーを受けてもよくわからない。コミュニケーションスキルなるものが実際に存在するとして、そのレベルが向上するのか疑問がある。そもそもコミュニケーションスキルなるものが定性的にしか定義できないとすれば、習得しようったって無理だ。曖昧なものは曖昧にしか身につかない。

ここでは、運を天に任せるのではなく、コミュニケーションなるものを数的に置き換えてみたい。数で管理できれば課題や問題点がわかる。「計る」「数える」「記録する」仕事術は、対人関係や交渉にも適用可能だ。

そこで、まず結論からいうと、対人関係では接する回数のみにフォーカスする。たとえば、あなたが営業マンで誰かになにかを販売するとしよう。そのとき、セールストークだとかクロージングテクニックだとかは考えなくていい。純粋にお客と接する「回数」さえ増やせばいいと考えるんだ。質じゃなく量のみだ。

高校時代に仲がよかった友人と、大学生になると連絡をとりあわなくなる。大学時代の友人も、社会人になると連絡をとりあわない。親密な関係にある恋人も、遠く離れると心離れる。これらは対面回数が少なくなったがゆえに起きる悲劇だ。転勤で遠く離れた彼氏が毎日のように彼女に速達でラブレターを出していたら、1年後に彼女は郵便局員と結婚したと笑い話がある。でも、「遠くの親戚より近くの他人」とはよくいったもので、人間は質じゃなく量＝回数に左右される。

順番としては、回数を稼ぎ、そのあとで質を高め、さらにそのあとで関係継続の技術を身につければいい。

そこで、この章では次のように論を進めていく。

1．人間関係における「回数」にフォーカスする方法
2．交渉や対話などの質を高める方法
3．人間関係継続の技術

## まずは自分がやっている仕事を分解しよう

まずは1．人間関係における「回数」にフォーカスする方法だ。ぼくは営業マンを例にあげ〈純粋にお客と接する「回数」さえ増やせばいい〉と書いた。ここではこの例をとりあげ実際の「計る」「数える」「記録する」仕事術を述べていく。もちろん、読者の仕事は営業マンにかぎらない。でも、思考の「型」さえわかってくれれば応用できるはずだ。

たとえば、営業マンがなにかを販売するまでのプロセスを考えよう。

- 潜在顧客を探す
- 会いに行く
- 受注する

こうプロセスをわけたとするよね。まあ、たしかにそりゃそうだ。じゃあ、月に100万円分の商品を販売できるようにがんばろう！　と意気込んだらうまくいくだろうか。あるいは、上司の立場で「お客を探して、会いに行って、注文をもらえ！」と部下を鼓舞したら、どうなると思う？　きっとうまくいかない。

だからみんなはコミュニケーションだとか根性だとか精神論に逃げてしまう。しかし、そうじゃない。まずやるべきはもっとプロセスを分解することと、勝率を計算することと、行動の量を増やすことだ。

**①プロセスを精緻にわける**
**②次のプロセスに行くまでの率を計算する**
**③目標を達成できる回数を計算する**

**①プロセスを精緻にわける：**さきほどのように、「潜在顧客調査」→「初回面談」→「受注」とすると、会ってから受注までのあいだがブラックボックスになってしまう〈**図1**〉。

〈図1〉

会いに行ってから、受注するまでは、いくつものハードルがあるよね。それをちゃんと分解するんだ〈**図２**〉。

そうそう。分解すれば、お客さんの要求を確認してから、見積書を提出し、最終調整（交渉含む）を経たあとに受注できるよね。ここまで分解しなきゃダメだ。

**②次のプロセスに行くまでの率を計算する**：さて次に、それぞれの件数をあてはめてみよう。件数は、これまでの実績や履歴などを調べてみる。営業マンだったら、面談に行き、要求を確認し、見積書を提出した、それぞれの回数がわかるはずだ〈**図３**〉。

ここではちょっとだけ言葉を変えているけれど、１００人の潜在顧客に会いに行き、お客さんの困りごとを30件聞けたとする。そのうち、25件に見積書を提出し、受注が２件。このデータをあてはめるだけで面白い。これまで気合と根性でがんばっていた営業活動に、数的な指標ができあがる。

繰り返すと、このときにそれぞれのプロセスの質は問わない。質はあとで論じよう。あくまで率を見よう。率を見れば、必要な回数を計算できる。

**③目標を達成できる回数を計算する**：率をもとに行動回数を試算してみよ

〈図2〉

う。

・初回面談から仕様ヒアリングにいたる率は20％
・仕様ヒアリングから見積書提出にいたる率は90％
・見積書提出から受注にいたる率は10％

とする〈**図４**〉。

そのとき、営業マン５人で年間売上目標が２億４０００万円、客単価平均が１００万円だとするよね。この場合に必要な営業マンの１人あたりの

**（１）月間初回面談数**

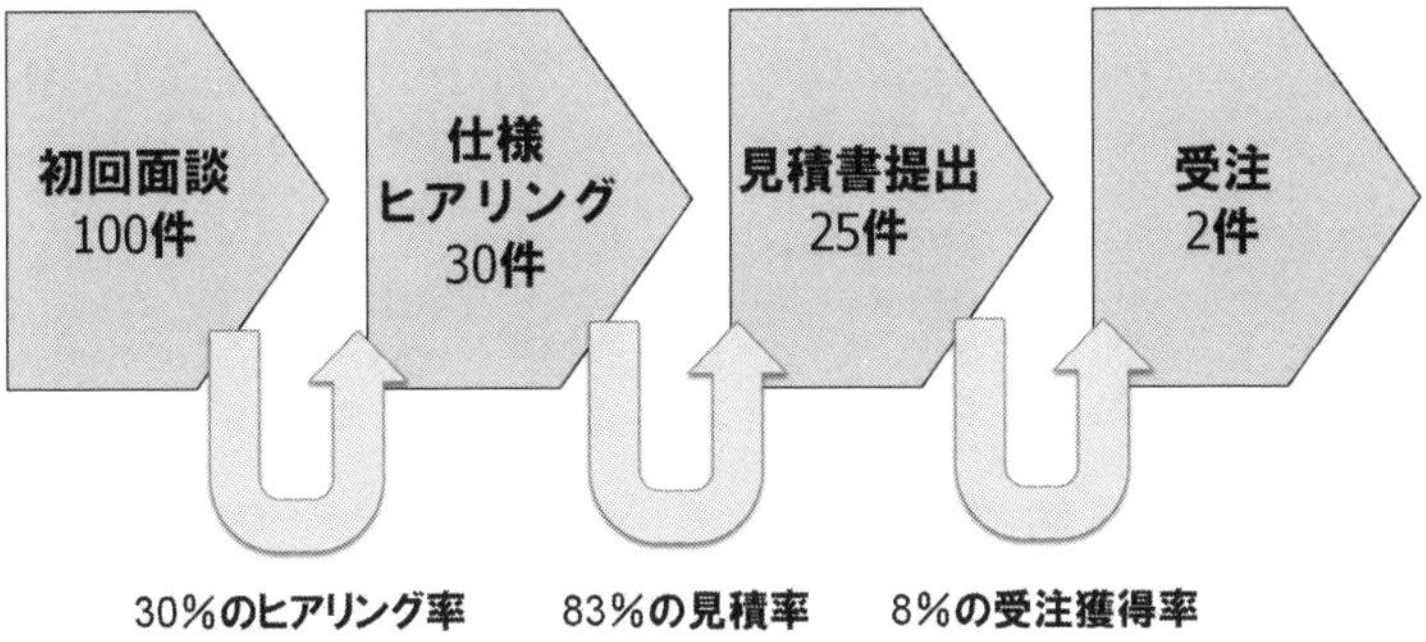

〈図3〉

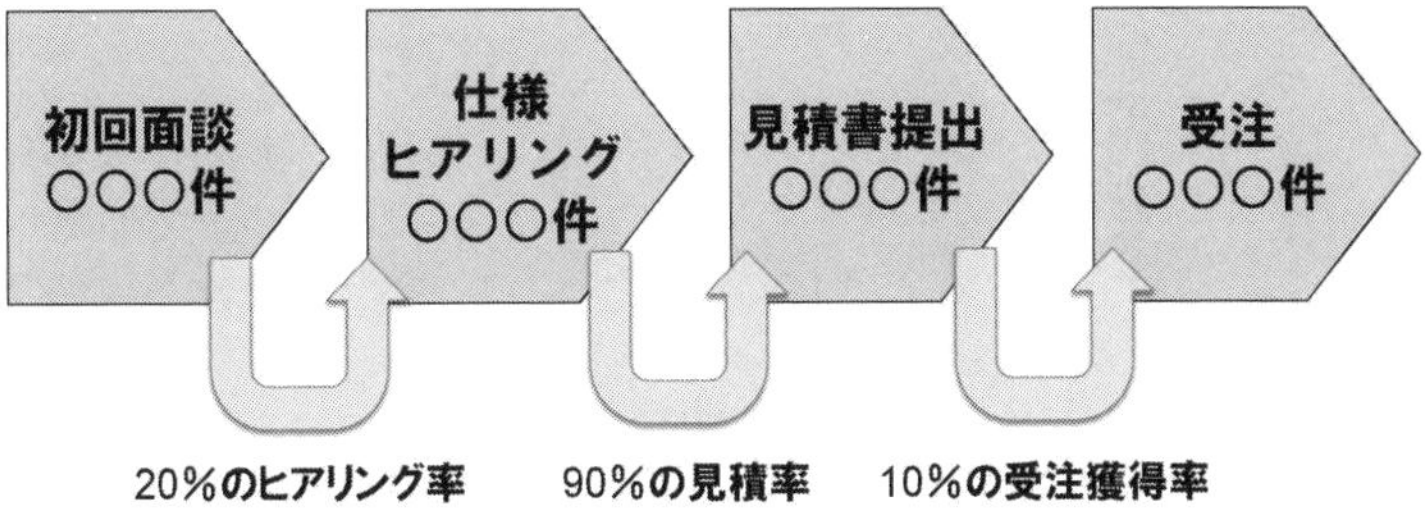

〈図4〉

（2）月間仕様ヒアリング数
（3）月間見積書提出数

は、それぞれどうなるだろう。あとは、小学生の算数レベルの計算を解けばいい。

- **2億4000万円÷12ヶ月＝2000万円／月**
- **2000万円／月÷5人＝1人あたり400万円／月**

平均単価100万円だから、月に4件の受注が必要だ。（3）→（2）→（1）の順に解いていこう。

（3）4件÷10％＝40件であるので、4件の受注のためには見積書40枚の提示が必要。
（2）40枚の見積書を提示するためには、40枚÷90％＝44件のヒアリングが必要。
（1）44件のヒアリングのためには、44件÷20％＝220件の面談が必要になる。

はい。このようにして、行動の量に還元できた。あとは、**気合や根性ではなく、月に220件の面談ができるよう、ただただ行動すればいい。**

これはきわめてぼくたちをラクにしてくれる考えかただ。だって、ぼくたちは「動けばいい」からだ。**才能は必要ない**。仕事の成果を運に頼らず、確率に賭けよう。

## 12ヶ月の行動を「見える化」してみよう

繰り返し、前述では営業を「計る」「数える」「記録する」仕事術なりに料理してみた。まわりのひとを思い出してみてもいい。なんだかんだいって、多くの仕事を受注し活躍しているのは、フリーランスでも、ひとと会う回数を稼いでいるひとだ。

だけど、これはどんな仕事にも応用できる。きっとクリエイティブな仕事でも一緒だ。なにかの企画を通すとする。あるいはすぐれた宣伝のコピーを書くとする。両方とも、つまるところ回数＝企画数＝コピー数に還元できる。

たとえばあなたが本を出版したいとして、企画書を書くとする。意中の出版社に持っていって、フラれたとしよう。そのときに、もちろん企画書の書きかたを学んだり、編集者との対話術を習得しようとしたりするのもいいけれど、やっぱりさまざまな出版社と話す機会をもつのが一番だ。乱暴な言いかただけれど、適当な企画書でも、通る出版社もあるのだし……。

まずは自分の仕事を分解してみる。なあに、もっとも人間臭いと思われている営業であっても、回数に落とし込める。ぼくが思うに、**ほとんどの仕事は分解できる。仕事上でもし失敗したとしても、それはぼくたちの人間性ゆえじゃない。機械としてのぼくたちが動く回数の不足が問題だったんだ。**

〈図5〉は、この回数フォーカスの考えかたを「プロセス管理シート」にしたものだ。これまたあくまで一例だけれど、月度でそれぞれのプロセスの回数を記載していき、四

| | 12月 | 1月 | 2月 | 3月 |
|---|---|---|---|---|
| | | | | |
| | | | | |
| | | | | |
| | | | | |

| | 上半期 | 下半期 | 年間 | 進展比率 |
|---|---|---|---|---|
| | 60 | 0 | 60 | - |
| | 48 | 0 | 48 | 80% |
| | 38 | 0 | 38 | 79% |
| | 13 | 0 | 13 | 34% |

半期・半期・年間で集計する。このように見える化すれば、どこに問題があるのか一目瞭然だ。

繰り返すと、回数だけが問題なのだから、行動量を増やせばいい。多くの場合、確率を覆すのは難しい。もちろん、ときには1件の面談で1件の受注を獲得できるケースがあるだろう。あるいは逆に、無数に面談しても、1件も受注できない場合もある。ただ総じて計算すれば平均的な確率内におさまる。これを「平均への回帰」と呼ぶ。

また、もし芳しい結果でな

**未来調達研究所株式会社　コンサルティング営業部**
**プロセス管理シート**

● 各プロセスカウント

| 項目 | 4月 | 5月 | 6月 | 7月 | 8月 | 9月 | 10月 | 11月 |
|---|---|---|---|---|---|---|---|---|
| 初回面談 | 12 | 14 | 8 | 7 | 10 | 9 | | |
| 仕様ヒアリング | 10 | 11 | 7 | 6 | 9 | 5 | | |
| 見積書提出 | 7 | 7 | 7 | 5 | 7 | 5 | | |
| 受注 | 2 | 3 | 2 | 1 | 2 | 3 | | |

● 集計

| 項目 | 第1四半期 | 第2四半期 | 第3四半期 | 第4四半期 |
|---|---|---|---|---|
| 初回面談 | 34 | 26 | 0 | 0 |
| 仕様ヒアリング | 28 | 20 | 0 | 0 |
| 見積書提出 | 21 | 17 | 0 | 0 |
| 受注 | 7 | 6 | 0 | 0 |

〈図5〉

い場合も、前述のように分解していれば問題がわかる。これまでの売上のみの管理とくらべて、各プロセスの回数を明確化すれば、次のステップに進めていない箇所がわかる。たとえば、ヒアリングから見積書提出にいたる率が、過去とくらべて悪すぎる、あるいは他社員とくらべて低すぎるのであれば、抽象論ではなく「ヒアリング」技術に特化して見直せばいい。どこに問題があるかわかっただけで、解決策が想像しやすいはずだ。

そして、これは個人の目標を設定する際にも使える。たとえば、年収1000万円と目標を立てるとき、それはなによって達成できるのか。本業600万円に副業400万円として、その副業400万円はどのように成り立つのか。単価と販売数量と確率を計算してみればいい。目標が遠くにありすぎると、なにをしていいかわからない。目標を分解すれば、具体的にどんな行動をとればよいかわかる。

ぼくたちは常に夢を抽象的にもち、頓挫するときは具体的な理由による。それなら、ぼくたちは夢を具体的にもてばいい。

テーマ

# 2 交渉や対話では必ず4W2Hを聞き出す

## 交渉には3つの結果がある

ぼくは情報収集をかねてこれまで「交渉セミナー」とか「販売セミナー」といった類の講義を無数に受講してきた。講師は元生命保険販売員とか、伝説のカーセールスマンとかだ。それに、保険とかクルマとか百科事典の営業マンがこれまでたくさん本を出してきた。そういった商品を販売するひとなら役立つだろう。でも、ぼくが一連の講義を受けたり本を読んだりすると、なんだか違和感を抱いてしまう。

その違和感とは、たとえばこんな内容に対してだ。

- **「服装が大事」**：そうだろうか。もちろん、裸で訪問されても困る。だけど、多少センスが悪くても、やや汚らしい格好をしていても、それで売買に決定的な影響をおよぼした経験がない。
- **「第一印象がすべて」**：そうだろうか。何度か話しているうちに印象が変わって、取引をしていたひとが多かった。
- **「会話力が重要」**：そうだろうか。むしろ、過度に雑談ばかりよりも、寡黙で要点のみ語ってくれるひとがよかった。

……等々。

たとえば訪問販売のセールスだったら、その場で売買が決まる。相手の奥さんが「買う」といったらおしまい。だけど、ぼくもそうだし、おそらくこの本を読んでいるひともそうであるように、1人を説得するだけで交渉は終わりじゃない。あくまで会社と会社のつきあいだから、担当者が納得しても、そのひとの上司もいる。また組織の決まりもある。また、とくに製造業のような世界だと、1回の交渉で決定せず、何度も交渉を重ねる、あるいは数年にわたるケースもある。

それに訪問販売と違って、相手をむげにはできない。明確に断らない場合も多い。断るなら明確に断ったほうが両社のためだ。しかし、「検討しておきましょう」といったまま時効を待つひとは多い。

ぼくはずっと企業で資材係をやっていたと話した。仕事柄、たくさんの営業マンと会ってきた。いまもそうだけれど、無数の売り込みを受けていた。そのとき、何度も驚いたことがある。営業マンの上司がやってきて、「例の件、よろしくお願いしますね」という。その例の件はすでにお断りしたつもりで、他社にお願いしていたのだ！　きっと営業マンは社内には順調に進んでいるとレポートしていたのだろう。

保険とかクルマとか百科事典の営業マンではないぼくたちの交渉の特徴は2つだ。

**・継続した交渉が前提となる**
**・相手の態度がはっきりしないケースが多い**

いまはできるだけ明確に断るようにしているし、逆に自分から企画を持っていった際も見込みを率直に訊くようにしている。ただし、以前のぼくには不明瞭さがあったんだろう。

では、「計る」「数える」「記録する」仕事術としては、どんな交渉をすればいいのだろうか。ここでは、交渉を考えるにあたって、まずは売買をとりあげる。売り込みを受ける側だったのでよくわかるのは、交渉結果は3つにわかれる事実だ（有名なニール・ラッカム著『「SPIN」営業術』の定義とはやや異なる）。

1. **発注**：交渉後に売買が成立する
2. **継続検討**：今後も詳細を詰める
3. **関係のみ継続**：（まあ、いつかは仕事するかもしれないのでむげにはしないけれど）発展なし

繰り返すと、1. のケースは、なくはないけれど、多くない。話を聞いて感動して、いきなり売買成立とか企画成立にはならない。やはり、何度か打ち合わせして売買や企画が成立する。

よくある誤解は、2. と3. を取り違えるものだ。いっぽうは3. と思っているのに、もういっぽうは2. と勘違いすればうまくいかない。

この同床異夢をなくすためにはどうすればいいだろう。端的にいうと、「次回アポイント有無」で測られる。一度で済まない以上は、次の打ち合わせが必要だからだ。もちろん、「社内で検討しないと、次の打ち合わせ日を決められない」ケースもあるだろう。そんなときは「仮で日程を決めましょう。変更しても、中止してもいいですから」と提案すればいい。それでも決められないならば、3. と認識しておく。

**営業マンにかぎらず、すべての仕事人は、この2. と3. の違いをはっきりさせるべき**

**だ**。たとえば、営業日報で見込みがあると書くばかりでは意味がない。そこには、ほんとうに見込みがあるか、見込みがないかを書くべきなんだ。

## 質問は30分に10問が目安

じゃあ、どうやって2．か3．かをはっきりさせるべきだろうか。

前節のつながりでいうと、営業活動なら面談回数にフォーカスするのは当然だ。繰り返すと、回数さえ保てば、多少マズい営業でも他の仕事でも、「下手な鉄砲も数撃ちゃ当たる」わけで成果はあがる。これから述べるのは、回数を前提として、そのうえで確率をあげる取り組みだ。

端的にいうと、質問によってだ。どういう質問をすればいいだろうか。ここで、その前に強調しておきたいのは、その**質問は買わせるためではなく、交渉相手を見極めるためにあること**だ。ぼくが違和感を抱いた訪問販売のセールスとは違う。ぼくは質問したからといって買う気もない相手に買わせられないし、ヤル気のない相手を騙して行動させられない。

短時間で相手の特性や要望を見抜き、仕事を一緒にできるか確認する。これが質問の肝要だ。そのタイミングで仕事ができないのであれば、またの機会を願っていったんはお別れすればいい。

そこで、効率的な質問をするためには、質問が3とおりにわかれると意識しておけばいい。

**●クローズ質問とオープン質問**：前者がイエス・オア・ノーで答えるもので、後者が自由に答えを求めるものだ。「ジャイアンツが好きですか？」は前者で、「どんなスポーツが好きですか？」は後者だ。意識して後者型の質問をせねばならない。人間は思い込みでできているから、ついついクローズ質問をしがちだ。

誰かと2人で、こういうゲームをしてみるとよい。どちらかが心のなかに有名人を思い浮かべる。そしてもういっぽうが質問によってその有名人を当てるのだ。質問が下手な人はついついクローズ質問ばかりになってしまい、いつまでたっても当てられない。自由に答えてもらえば、相手の真意にも近づく。

**●現状質問と問題質問**：前者は「従業員は何人ですか？」とか「生産拠点はどこですか？」とか「なにを開発しているんですか？」とか、文字どおり相手の現状に関する質問だ。後者は「従業員が足りずにお困りではありませんか？」とか「生産拠点の場所に起因する問題はありませんか？」とか「開発遅延などの支障はありませんか？」など、これも文字どおり相手の問題に関する質問だ。

ぼくは資材係をやっていたといった。勤務企業は大企業で、そこの会社情報はその気になればいくらでも手に入った。がんばれば図書館で記事を調べられるだろう。それなのに、やってくる営業マンが現状質問ばかりで辟易《へきえき》した。先輩などは丁寧に一つひとつ答えてあげていたけれど、まさに時間のムダだった。おそらく多くの資材係は心のなかで「早く帰ってくれ」と思っていたはずだ。「3．関係のみ継続」ではなく、「2．継続検討」になるためにも、後者型の質問が有効だ。

●**利点と利益**：前者は大集合で、後者は小集合だ。前者は「お客に役に立ちうる自社・商品の特徴」であり「自らの優位性・卓越性を理解しているものの、お客のニーズと必ずしも合致しない」。後者は「お客に役に立つ自社・商品の特徴」であり「お客のニーズと合致しており、お客も知りたいと考える自社・商品の特徴」だ。

利点ばかりを語っても、それが相手の知りたいニーズと合致していなけりゃなんにもならない〈**図6**〉。逆に寡黙でも、相手が知りたいニーズに合致した質問や会話ができればそれでかまわない。

まずは、会話の基本として「オープン質問」を心がける。そして、相手の基本情報はちゃんと事前調査しておき「問題質問」になるよう気を配る（それが相手の時間を大切にする）。さらに、自分はその問題を解決するに足る人間であると手短に説明するために、相手の利益に合致した会話や質問をする。

一つの目安は、これら質問を30分に10問ていど相手に繰り出せるかだ。ぼくはかつて優秀な交渉者を録音して分析したと書いたけれど、凡庸な交渉者は30分に5問ていどしか質問できず、優秀な交渉者は10問できる。考えてみれば当然で、通常のひとが2回要する交渉を一度でやってしまうんだから、優秀に決まっている。

もしぼくが書いた「オープン質問・クローズ質問」ほか3パターンの違いを忘れちゃったとしても、この30分に10問は覚えておいてソンはない。もち

〈図6〉

ろん相手を尋問するわけではないから、取り調べのような雰囲気をだしてはいけない。ただ、これまた回数を意識しておけば、相手からできるだけ情報を引き出そうと無意識に質問を考えるようになる。これまで自分がなにも考えずに交渉していたと気づくだろう。

## 具体的な質問内容は4W2Hが基本

さきほどの質問や30分に10問を意識するんだけれど、とくに読者が提案型の仕事をしている場合に使える質問ツールがある。ひとによってはクライアントの要望や潜在的欲求を引き出してあげて、それに合致する企画書なり提案書なりを出す。そんなときの「計る」「数える」「記録する」仕事術だ。

もちろんいままでは営業職も「ソリューション営業」だとか「提案型営業」だとかいうから、すべての仕事は提案型といえる。

だけどね。これがまた難しい。ぼくは資材係として、要望をヒアリングされ、提案を聞く立場にいた。それがとんでもないものばかりだった。買う立場が売り手に渡す資料を「提案依頼書」だとか「見積依頼書」だとかいう。もちろん、それらに不備がなかったとはいわない。だけど、「なぜあの提案依頼書や見積依頼書から、こんな提案が出てくるんだ」って驚くケースが多い。

逆に、ほとんど買う気がないんだけれど、気合があまりに入った提案書をもらう場合もある。こんなとき、心のなかではほんとうに申し訳ない気になる。だけど、こちらの様子を見てくれりゃ、ほかに本命がいて、そこ以外からは買う気がないってわかるはずなんだ。もちろん、これは買い手の勝手な想いにほかならない。

でもそれは、買い手を長く経験したぼくの優位なところかもしれない。買い手の気持ちがわかるってのはソンはしないはずだ。ぼくはいまでは売り手をやっている。この経験から考えるに、提案型業務で買い手になにを質問するべきなんだろう。

答えをいうと、4W2Hを聞き出せばいい。中学校の英語の授業みたいだ。でも、この4W2Hを聞き出している営業マンはほとんどいない。これほど重要なのに〈図7〉。

ビジネスの世界ではよく「5W2H」という。ぼくのいう「4W2H」に1つ抜けているWは「Why」だ。なぜ、今回「提案依頼書」だとか「見積依頼書」だとかが出てきたのか、あるいはなぜ、企画を募るのかとか、そんな項目だ。それは当然ながら、挨拶とか雑談として話せばいい。

これ以降、残り4W2Hになるんだけれど、

● What：なにが悩みごとなのか、なにを欲しているのか？

・Who：誰が決定権者なのか？
・When：いつからはじめるのか。なぜその時期なのか？
・Where：どこでそれが必要なのか？
・How：どのようにサービスが必要なのか？
・How much：いくらくらいで必要なのか？

をそれぞれ聞き出す。なぜ、質問する必要があるんだろう。だって、見積依頼書とか提案依頼書を読めばいいじゃないか。

その理由を簡単にいうと、それらとほんとうの必要物が乖離しているからだ。なぜ乖離しているかって？　だって見積依頼書とか提案依頼書にくだけた言いかたはできないじゃないか。建前だけ。本音を書けないんだ。

買う立場をずっとやっていたからよくわかる。

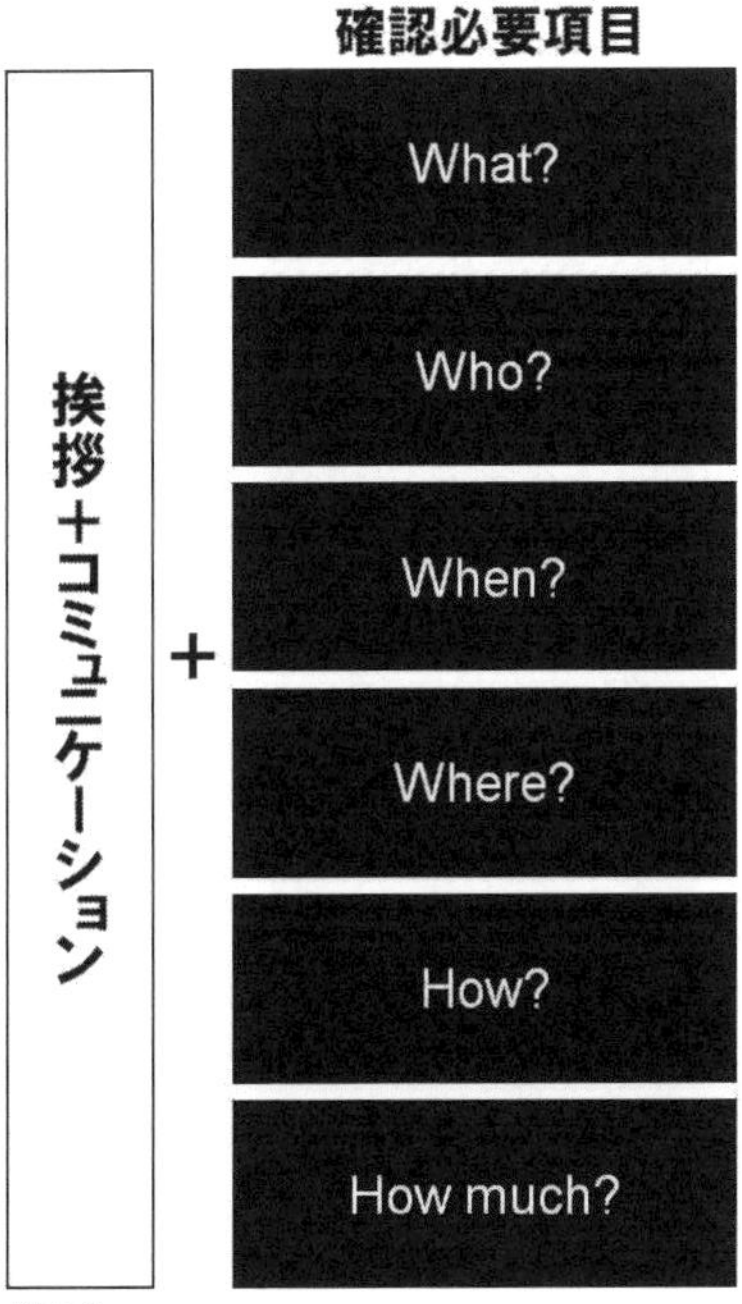

〈図7〉

## 4W2Hで本音を聞き出すのがヒアリングの役目

よく、「お客さんは商品を気に入ってくれたけど、予算があわなくて買ってもらえなかったようです」とか「競合他社に価格で負けたようです」と敗因を述べる営業マンがいる。正直いって、それは絶対にありえない。買う立場から保証する。

そうじゃないんだ。むしろ、商品を気に入ったら、価格が負けていたとしても、買おうとする。価格だけでは決めない。それに価格だけが重要なら営業マンの存在意義なんてない。どうしても予算があわないときは、正直に相談するケースが多い。

商品が選ばれなかったとき。多くは、単に見積書や提案書を提出する前に、相手の心をつかんでいないだけだ。相手のニーズやウォンツ、なんといってもよいけれど、先方の希望や困りごとを把握していない。勝負は見積書や提案書を受け取る前に決まっていると考えてもよい。逆に、採用される提案書とか見積書は、受け取る前からわかっている。

さきほどの4W2Hを、具体例で考えてみよう。たとえば、あなたがどこかのお客に新しいお弁当を売り込んでいるとしよう。多くの仕出し屋が競合だ。お客から出された提案依頼書には「あまりカロリーの高くないお弁当を提案してください」とだけ書かれている（ちなみに、当例はお弁当だが、数億円規模のシステム提案依頼書もこのていどのケースが多い)。

他の仕出し屋はこの提案依頼書を見て、運を天に任せるごとく提案を考える。でも、4W2Hの質問が重要だってわかっていたら、すぐさまお客さんに会いに行き、次の項目をヒアリングするはずだ。

- What：低カロリーってどの程度のもの？　そして、どんな食材をメインに使えばよいか希望はある？
- Who：お弁当の提案をジャッジする人は誰？
- When：いつまでにお弁当の提案をすればいいの？　いつからお弁当を納入開始すればいいの？
- Where：お弁当はどこに持っていく必要があるの？
- How：お弁当はどのように持っていけばいいの？　一括？　それとも分割？　それと梱包とか配送の条件はある？
- How much：1つあたり何円くらいだったら検討してくれるの？　あるいは何円以上だったら、お話にすらならない？

……と、こういった項目だ。

繰り返すけれど、競合他社はこれらを訊かずに想像で提案書を作り上げる。でも、それじゃダメなんだよ。ちゃんと決まっていないことは提案依頼書や見積依頼書には書かないけれど、担当者の心のなかではほとんど決めている内容が多いんだ。それを４Ｗ２Ｈで漏らさずヒアリングする。

まずは、Ｗｈａｔのところで「低カロリーってどの程度のもの？」って質問しているよね。たとえば７００キロカロリーって答えかもしれない。でもね、このときに「なぜ７００キロカロリーなんですか」ってちゃんと訊く人はほとんどいない。「６００キロカロリーでもなく、８００キロカロリーでもなく、なぜ７００キロカロリーなんですか」ってね。この「なぜ、まさにこの条件なんですか」って訊くのがヒアリングの肝要で、これができなければヒアリングの意味はないよ。というのも、その要求が緩和できるとすれば、もっと最適な提案ができるはずだ。たとえば、７００キロカロリーではなく、７５０キロカロリーにすれば、お弁当のコストが50円下がるとするよね。お客がコスト最優先なら、きっと７５０キロカロリーを選ぶ。ＷｈｅｎもＷｈｅｒｅも、Ｈｏｗもおなじだ。繰り返し、相手の要望と「それが違ったらいけないわけ」を訊く。その対話のなかから、文字面《づら》からは予想もできなかったニーズを汲み取る。

そしてちょっと戻ると、Ｗｈｏでは決定権者を訊いている。これまた重要だ。なぜなら、窓口のひとがすべてを決めるケースは少ない。とすれば、窓口担当者だけに任せちゃうと、成約の確率が下がる。その上司が決めるんなら、上司の好みや判断基準までも訊かねばならない。可能ならば会いに行かねばならない。決定権者に会う回数と、受注できる確率は、相関関係にある。

もちろん窓口担当者は大切だからむげに扱えない。だけど、窓口のひとだけに委ねていたらなにも進まない場合が多い。そんなときは、なんとか上司なり決定権者を聞き出して、そのひとの4W2Hをヒアリングするようすべきだ。窓口担当者には失礼かもしれないけれど、天に祈るよりずっと高い確率で宝くじを当てられるだろう。

最後にHow muchだ。ぼくは全国の企業に勤める仕入れ担当者や資材係の勉強会を主宰している。メンバーは700人くらいいて、全国各地で勉強会も開催している。アンケートでは目標価格を訊かれた際には、低めに答えるケースが大半で、ほんとうの目標価格×0・8くらいが多い。ただ、×0・5くらいを伝えるひともいる。最近は「競合参入最低価格」を伝えるケースもある。この意味は「この目標価格以下の見積書を提出するのが、競合に参入する最低限の条件だよ」「だからこの目標価格以下だからって受注できると勘違いするなよ」だ。一つの目安にしかならないものの、まったく知らないよりははるかにいい。

もちろん、答えてくれない場合も、だいたいでかまわない。まったく教えてくれなかったとしても、そもそも訊かなければわからない。

このように、4W2Hをちゃんとヒアリングすれば、他社とくらべて優位に立つ。ヒアリングが終わるときには、訊いた内容を繰り返す。WhatからHow muchまで、相手の満足条件を確認する。

それで、最後の最後に、この3つのフレーズを自分なりに言いやすく変えたうえで、相手に投げかけてほしい。

- 私がお訊きした内容は間違いないですね？
- 法律的かつ専門的観点から述べますと、○○に関しては満足させられませんが、よろしいですよね？
- その他、これらの深い満足条件までをお訊きした他社はないと想いますが、私の提案がこれらの深い満足条件に合致していたら受注できますか？

この3つだ。

二番目のものは、プロフェッショナルの立場から、相手の満足条件がそもそも不可能であると教えてあげるものだ。たとえば、麻薬入りのお弁当を提供してほしいといわれても、あるいは時速900キロで走るクルマを作ってほしいといわれても、それは無理だから、満足条件から外すように諭す。

そして三番目の確認時に、相手が納得していないようだったら、2つ可能性がある。それは「ヒアリングに不備があった」か「そもそも買う気がない」かのどちらかだ。

「ヒアリングに不備があった」のであれば、ふたたびWhatから質問を繰り返せばいい。私の経験からは、Whoを聞き出せないケースが大半だ。ただし、それでもダメな場合は、きっと先方に「そもそも買う気がない」はずだ。そんなときはもう次の潜在顧客に向かうほうが効率的だ。もちろんだからといって非礼は禁物だけれど、いつかふたたび声をかけてくれる機会を願って、深追いはしない。定期的にメールなどを送っておくなどの工夫をしよう。

ぼくが〈質問は買わせるためではなく、交渉相手を見極めるためにある〉と書いたのはこの意味だ。

## 4W2Hを提案書や見積書に盛り込み続ける

そして、提案書や見積書を渡しにいくときも、渡す前におなじく4W2Hを確認しよう。こういう条件を訊きました、よって、今回はこのような提案書や見積書を持って来ましたよ、と。相手は「この条件なら買う」といってしまったので、それを満たした提案はなかなか断りづらい。

もちろん、提案営業は相手があるので、それでもうまくいかないケースもある。しがらみもあるし、ケイレツや馴染みの業者を優先する場合もあるだろう。しかし、確率が1％でも向上すれば、積み重ねたときに大きな差となる。

単に価格を下げて受注するのは能がない。商品やサービスの魅力をじゅうぶんに伝えれば、そしてそのためのヒアリングができれば、価格は二の次になるはずだ。それなら、値下げして受注する努力よりも、値上げを認めてもらえる努力を優先すべきだ。

値下げして潰れた会社はたくさんある。でも、値上げして潰れた会社はない。個人もおなじだとぼくは思う。自分の仕事単価を引き下げて行き詰まったひとはたくさんいる。でも、値上げできるように努力し、仕事依頼者の要望を考え続けたひとで行き詰まったひとはいない。

テーマ

# 3 他社と自社との仲のよさや密接度を見える化する

## 人間関係継続のためには16マスを塗りつぶそう

かつて「少年ジャンプ」が栄華を誇っていたころの名編集長である堀江信彦さんは、ウケるマンガの特徴として、1回の連載あたり「100コマ以上」あることだと指摘した。はじめてこの話を聴いたときの衝撃は忘れられない。

マンガなんてものは感性の商品だと思っていた。なのに、なんと、コマ数が重要なの？

1回の連載は約20ページ。だから、100コマを書こうと思えば、1ページあたり5コマ。見開きぶちぬきで書いたら、100コマにはとてもじゃないけどいたらない。

なぜ100コマが必要か。それだけコマを重ねないと、深みが出ず、かつストーリーが真実味をもちえないからだ。それに、人間はキャラクターに出「会う」ほど親近感を抱く……。なるほど、マンガすらも定量的に管理できるのか！

この章最後のテーマは、人間関係継続の技術だ。堀江さんは100コマといったけれど、人間関係継続のための16コマを塗りつぶす方法をお話しする。

これはリテンションマネジメントとも呼ばれるものだ。リテンションとは、関係の継続維持のこと。それを管理するわけ。あらためていうと、本書のテーマは仕事術だから、会社と会社の関係を維持継続する方法を述べたうえで、個人の人間関係維持継続について補足する。

ではどうやって、会社間の人間関係を継続できるだろうか。リテンションマネジメントでは、なによりレイヤー間の面談を重視する。レイヤーとは、役職を指す。**しかるべき役職者が、先方のしかるべき役職者に会って面談しているか。その事実を重視するのだ。**

面談の質じゃない。会話の中身じゃない。**会った事実が重要**なんだ。そのためのツールがリテンションマトリクスだ〈図8〉。

これはだいぶ古くさい考えと思われるかもしれない。だって、スマートじゃないし、理論的・論理的でもない。ご挨拶に伺って雑談するだけなんて、なにか旧日本的な「しがらみ営業」みたいじゃないか。でも、リテンションマネジメントでは、それでいい。何度もいうとおり、面談の事実と回数を重視するからだ。

たとえば、読者が恒常的に50社の取引先とつきあっているとする。それなら、年度初めにこのリテンションマトリクス50枚を用意するんだ。そして、面談をするたび、マスに◯をつけて色を塗っていこう。「正」の字を書いていってもよい。

たとえば、こんな場合があるかもしれない〈図9〉。

この状況では、先方の上役（先方本部長）に会えていない。だから、トップ間の情報交換不足といえる。

あるいはこんな場合があるだろう〈図10〉。

この場合は、自社の本部長が出不精のひとなのか、自社トップの意向を先方に伝えていない。おなじく、トップ間の情報交換不足だ。

| | | | | |
|---|---|---|---|---|
| 自社本部長 | | | | |
| 自社部長 | | | | |
| 自社課長 | | | | |
| 自社担当 | | | | |
| | 先方担当 | 先方課長 | 先方部長 | 先方本部長 |

〈図8〉

| | | | | |
|---|---|---|---|---|
| 自社本部長 | ○ | ○ | | |
| 自社部長 | ○ | ○ | ○ | |
| 自社課長 | ○ | ○ | ○ | |
| 自社担当 | ○ | ○ | ○ | |
| | 先方担当 | 先方課長 | 先方部長 | 先方本部長 |

〈図9〉

| | | | | |
|---|---|---|---|---|
| 自社本部長 | | | | |
| 自社部長 | ○ | ○ | ○ | ○ |
| 自社課長 | ○ | ○ | ○ | ○ |
| 自社担当 | ○ | ○ | ○ | ○ |
| | 先方担当 | 先方課長 | 先方部長 | 先方本部長 |

〈図10〉

## 取引先との面談表は年に一度すべてを塗りつぶす

このように見える化すると、どこの取引先と面談が不足しているか一目瞭然だ。担当者は1年が終わるまでに、しかるべき役職者間の面談をセッティングする必要がある。馬鹿らしいけれど、これが両社の関係を維持する肝要だからだ。

ぼくがかつて働いていた会社では、リテンションマトリクスをエクセルで管理していた。1年が終わるころに塗りつぶされていない取引先があったら、ツアーのようにまとめて訪問した。その出張は、飲み会続きの「遊び」だったけれど、いまになって思えば両社の関係強化に寄与していた。考えてみるに、トップ間の仲がよかったから助けられた経験は一度や二度ではない。

ところで、このリテンションマネジメントやリテンションマトリクスは、もともと外資系の営業手法として日本にやってきた。外資系というとイメージはドライだ。日本企業がズブズブの人間関係を重視する姿勢と真逆と思われている。しかし、ぼくが経験したかぎりは、外資系ほどよくお客さんと飲みに行くし、メールや電話でじゅうぶんなのにやたらと会いたがるケースが多い。

ここで正直に告白すれば、ぼくは面談に価値を認める思考が好きになれなかった。いや、もっといえば嫌悪していたといってもいい。面談なんてしなくても電話があるじゃないか。なんなら、メールで用件を送ったほうが効率的だ。その時間で戦略や戦術を磨いたほうが価値がある。そんな風に考えていた。しかし、現実はどうも逆のようだ。というのも、面談の非効率で時間のムダな側面にこそ意味があったのだ。

ぼくたちは「時は金なり」と無意識に生きている。だから時間を有効活用しようとする。しかし面白いのは、有効活用できなかった時間も、有効活用できたはずだと思い込む特性だ。いったん浪費した時間は戻ってこないのに、それに拘泥する。

長年つきあってきた恋人同士は、自分のこれまでの選択が間違っていなかったと証明するために、別れたあともその関係に意味があったのだと思いたがる。あるいは途中で違和感を抱いても、そのまま結婚する。百貨店でも、長時間にわたって店員から商品説明を聞いたら、その時間がムダでなかったと証明するために、その商品を買ってしまう。長い年月をかけて合格した資格試験がなんの意味もなかったと認められずに、勉強そのものに意味があったと思い込む。

たくさんの取引をしている企業の担当者とは、よく面談する機会があるだろう。どんな調査でも、面談時間の多さと取引量の大きさには比例関係がある。もちろんそれは、面談をする必要性があるからだ。しかし、ぼくは調査に表れないもう一つの可能性を捨てきれずにいる。つまり、面談する機会が多いから、取引につながっている可能性だ。

そして、そのことは売り手側のメリットだけではないと、ぼくは思う。なぜなら、売り手側も、買い手と多く面談するので、手抜きの仕事はできなくなる。いつかしら真剣に買い手を考える。ぼくは売り手の立場からも間違いなくそういえる。

ちなみに、いままでは原稿執筆依頼がメールでやってきて、そのまま原稿を送るケースが多い。もちろん、真面目に書く。だけれど、原稿を書いていて、どんなひとがはじめに読んでくれるか想像がつかないので、どうもうまくいかない。そのいっぽうで、一度でも会った編集者はもちろん、ぼくとよく遊んでいる編集者はすぐに顔が思い浮かぶ。結果的に満足いく原稿になる場合が多い。

リテンションマネジメントとかリテンションマトリクスとかいったけれど、結局は日本人がやってきた人的関係の妙技をツール化しただけだ。しかしそれにしても、そう考えると、日本人は日本的経営がダメだとか日本的営業がダメだとか思い込んで、えらく重要な慣習を捨ててしまったものだ。

## 仕事で関わりたいひとには3回ムリヤリ会う

ところで、ぼくの知り合いに営業コンサルタントとしてすごい実績をたたき出しているひとがいる。彼にかかれば、売れない営業部門がとたんに売れるようになる。で、秘訣を訊いてみたところ、面談の回数にフォーカスしている点ではおなじだった。もちろん、コンサルティングの内容はそれだけではないけれど、じゅうぶんに示唆的だ。

彼は、面談中にはひたすら次のアポイントをとるために考え続ければ、それだけでいいという。たとえば、会話のなかで答えられない質問があったら、「調べてきますので、また会いましょう」だとか「その件については提案できますので、次回も面談しましょう」だとか。どんなひとでも、最低3回は会わないと印象に残らないという。

おなじ仕事をするなら、顔見知りのひと、便利なひと、好きなひとに声をかけるのはあたりまえだ。面白いのは、3回ほど会ってしまうと、それだけでは終わらない事実。さきほど、リテンションマネジメントで話したとおり、時間をかけてしまった以上、取引を開始してしまうらしい。

## 「たまに連絡したいリスト」を作って週に一度ランダムに誰かに連絡する

さて、リテンションマネジメントを個人に応用したらどうなるだろう。手帳でもパソコンのメモ帳でもよいので、「たまに連絡したいリスト50人」を作っておけばいい。50人である根拠はない。ただ、「特別な用事はないけれど、関係を継続しておきたいひと」を羅列しておく。

それで、ランダムでかまわないので、週に一度を目安に、そのうちの1人に連絡をとる。もちろん、PCメールでもいいし、携帯・スマホのメールでも、電話でもかまわない。「とくに用事はないけれど、あなたのことを思い出しましたのでメールしました」と簡単でかまわない。長々と書かねばならないと思うからハードルが上がってしまい、筆不精になる。ここはランダムに、かつ、短文でよいと割りきる。また中身もなくていい。それに相手からの返事も期待しないくらいがちょうどいい。これまたリテンションの観点からは、メールを送った事実だけでじゅうぶんと考えるのだ。

しかし、そのように連絡してみると、意外にも返事がやってくる。それに近況を丁寧に教えてくれるひともいるほどだ。おそらく「あなたのことを思い出しました」と聞いてイヤなひとはいないし、それに相手もなんらかのキッカケを待っているケースが多い。

ときに「せっかくなんで一度、食事でもしましょうか」と久闊《きゅうかつ》を叙する場合もあり、想像もしなかった仕事につながる可能性もある。

さきほど週に一度と書いた。だけど、もし仕事で暇になれば、この「たまに連絡したいリスト50人」にメールするとみずから課してもいい。空き時間を使って将来につながる種まきをする。実際、ぼくはそうやっている。ぼくからたまに用事のないメールを受け取っているひとが本文を読んだら合点がいくだろう。ただし、悪い気はしないはずだ。

50人のなかには、きっと連絡をしないまま1年を終えるひともいる。それでいい。2年、3年と連絡をしないままであれば、おそらく削除しても問題ない。直感的だけれど、そのひとはあなたにとって現時点では縁がない、とぼくは思う。

また、このように機械的に50人に連絡するのが、どうも非礼だと感じるひともいるようだ。しかし、どうだろうか。かつてのお歳暮や、年賀状なども、ルーチン化している意味ではおなじだろう。ぼくは、機械的であっても連絡を取り続けるのが悪いとは思わない。むしろ、連絡手段が安く速くなったいまこそ、個人でできるリテンションマネジメントはメールの連発だ。

なあに、コミュニケーションも個人間の仲のよさも、結局は回数によるんだから。

## 出会ったひとはタンクに入れる

また、リテンションの考えは、個人にも使える側面が大きい。

ちょっと話は変わるようだけれど、なぜ個人事業主にくらべて組織が強いのだろうか。ぼくはそれを、取引関係を点で見るか線で見るかの違いだと考えている。

個人であればなによりも今日のメシを食わねばならない。なかなか10年後にしか仕事にならない案件に注力するのは難しい。でも、組織であれば、10年先の受注を考えて先行投資だとか先行研究などができる。またゆっくりとした営業もできる。

個人事業主はついつい目先ばかりに頭がいってしまう。営業に出向いてすぐさま仕事にならなければ「行ったのがムダだった」と思いがちだ。しかし、何度も強調したとおり、回数をこなさねば質もついてこない。それにどんな達人でも百発百中なんてありえない。

出会ったひとは10人中9人、すぐさま仕事には結びつかない。だけど、その9人を「タンクに入れる」イメージをもてばすべての出会いや面談はムダにならない。「タンクに入れる」とはすなわち、「いつかお客になってくれるリスト」と考えればいい。

多くの場合、リストの長さと売上は比例する。別に営業マンだけではない。すべての職業人は、自分の能力なりスキルを誰かに販売している。その見込み客リストが増えた、と思えばいい。

くだらないように感じるかもしれないけれど、そう考えれば心がラクになる。少なくとも名簿は増やし続けられるからだ。

タンクに入れたひとには、定期的に連絡をする。一斉メールでかまわない。ウェブのサービスを少し調べれば、登録したアドレスにメールを送付してくれるソフトはいくらでもある。

一斉メールだから、前述の「たまに連絡したいリスト50人」よりもさらに反応率は下がる。一斉メールを嫌悪するひともいるだろう。でも、それでいい。メールを拒絶するひとは、そもそも仕事で関わらないだろう。ただ、コンタクトし続けるのが重要だ。

タンクのなかから数パーセントでもいいので、10年後につながればいい。それは今日や明日ではなく、いつか福音が聞こえると中長期的に託すものだ。

この章では「計る」「数える」「記録する」仕事術を、回数にフォーカスして記述した。すべて回数だなんてミもフタもない気がする。しかし、回数の多さは成功に直結する。

きっと真実は凡庸のなかにあるに違いない。

第4章

# 講演がうまい人は、何パターンネタをもっているのか？

①
講演では
5つのパターンを
用意しておけば
ほとんどの
ニーズに対応できる。

②
講演音源を
300万円ぶんほど
購入する。

③
講演で重要なのは、
お客のメリットを
考え続けること。

テーマ

# 1 講演は5つのパターンを用意する

## 1時間10万円のお仕事

ぼくは本を25冊ほど出版している。本を出しはじめ、講演に呼ばれるようになった。誰かの話を聴きたい、少なくとも講演会を企画したいひとがこれほどいる事実に驚いた。

「予算がほとんどありません」と、ぼくの初回講演を依頼したひとは、申し訳なさそうにいった。「いくらですか」と訊くと、「10万円です」と。時給10万円の仕事だった。

その後、ぼくはこの時給10万円仕事が、準備や前後の拘束を考えると、それほど魅力的ではないとわかった。ぼくのようにたまにメディアに出て本も出している人間であれば、

1時間10万〜40万円が報酬の幅だろう。いつもテレビに出ている文化人だな、と思ったら100万円。誰もが知っているビジネス界の大御所であれば200万円。これが複数の講演プロデュース会社と話した相場だ。

遠隔地であれば、実質上その仕事しかできなくなるし、講演の前は他の業務が手につかない。病気はできないのでふだん以上に健康に気をつかう必要がある。一つの目安だけれど、多忙なひとであれば、一回の講演で最低20万円ほど必要ではないかとぼくは思う。

しかし、同じテーマを繰り返し語る講演家にとっては、むしろ手っ取り早く稼ぐ手段ともなりうる。あるセミナー会社に呼ばれて、ぼくは講演の打ち合わせをしていた。一日どこかで話して20万円なら、年間100回をこなせば年収2000万円ですね。そういうぼくに担当者は遠くを指差して、「あの先生がそうですよ」と教えてくれた。さっぱりとはしているけれど、地味で落ち着いた平凡な紳士。話し方講座の先生で、まさに年間100回以上の講演を繰り返しているらしい。「著名人でないかぎり、この仕事では年収2000万〜3000万円が上限ですね」とも。

ぼくはそのとき驚いた自分を覚えている。だって、年収3000万円といったら上場企業の役員クラスでももらっていない。高層ビルのなかでかっこいいスーツを着て英語でペラペラとプレゼンテーションしているビジネスマンが高給取りだと、ぼくは思っていた。しかし、講演っていう仕事のほうが儲かるんだ。しかも、有名人でもない。

ただし、ぼくは本を出したときに「講演だけで食っていこうと思ったら、文章の質が落ちますよ」ともいわれた。ようするに、本を1冊書くよりも、2、3回どこかで話したほうが儲かるからと続けていれば、その人自身のコンテンツが薄くなり、文章力も落ち、次の本が出せなくなる。そんなアドバイスだった。

著者仲間によっては、事務所に所属してガンガン売り込んでいるひともいる。ぼくも幾度となく勧められた。しかし、ぼくは積極的にみずから講演を営業せず、依頼されたときにやる程度。本は必ず自分自身で書き、ライターを使っていない。

そこで、こう考えた。たしかに講演だけで稼ぎ続けるのは、自分の成長を考えてもあまりよろしくない。でも、講演をうまくやる価値はある。少なくとも、どうすれば講演をうまくできるか研究する価値はある。収入源の一部にすればいい。

では、どうやったら面白いといわれる講演ができるんだろう。本を出してすぐ、ぼくのなかでテーマとして固まった。

文章や資料と違って、講演はまさにその場に誰かがいてくれなきゃならない。ただ、講演の練習をしたいから集まってください、と呼びかけても面白くない。スキル習得の肝要は、お金を払って学ぶのではなく、お金をもらって学ぶ工夫にある。かつ、講演の中身も、日々ちゃんとブラッシュアップし続けたい。

そこでぼくは「私塾」を作った。月に一度、就業後に若手向けに専門内容を講演する塾だ。有志を募って講師を5人集めた。毎回3人の講師が講演する。それで、アンケート結果のもっともよかった講師1人のみが翌月も講演し、残り2人が入れ替わる。好評を博した講師はずっと講演を続ける。このスタイルを「少年ジャンプ方式」とぼくたちは呼んでいる。そこでは、講師のキャリアや勤務企業などは、まったく関係がない。純粋に、聴講者からの得票のみを重視する。

講師にとっては酷だけれど、この仕組みなら講演内容も時代の鮮度を保ち続けなければいけないし、同時に伝え方を自問し続けなければいけない。壮大な練習場になる。

もう60回以上も開催していて、いつも満員御礼だ。ぼくが必ずしも勝ち続けているわけではない。負けるときも多い。でも、そんなときにもどんな講演がよくて、どんな講演だったらダメなのかぼくなりに分析してきた。また、その場を借りてさまざまなテストもおこなった。そして私塾の場を使った試行錯誤の結果と学びを、外の場でおこなう講演に反映している。

ぼくが主宰する私塾で「少年ジャンプ方式」を講師に提案した当初、「お客に媚び売る講師が勝ち残るのではないか」「笑わせただけの講師が高評価なのではないか」といった懸念が呈された。しかし、実際やってみれば杞憂《きゆう》に終わった。もちろん、中身が同じであればお客を笑わせた講師が優位だろう。ただ、お客はそれほどバカではない。高評価の講師は内容に気づきがあり、伝え方もよいひとたちだった。

1時間10万円の価値のある講演は、やはりそれなりの完成度、かつ「型」もある。もちろん1時間10万円といったギャラが発生するかどうかは別に、いまではビジネスマンなら人前に立って話す機会は多いだろう。また、読者のなかには独立して話す仕事で食っていきたいひともいるかもしれない。話して食うほど素敵な仕事はない、とまでいったひともいる。たしかに、講演を一つの収入源にできれば、人生の愉悦にもなるだろう。

本書の最終章として講演をテーマに、「計る」「数える」「記録する」仕事術を述べていきたい。

## 講演は自分の気に入った5パターンを用意する

第1章では資料の報告技術を述べた。第1章がプレゼンター育成講座で、本章が講演家育成講座ともいえる。プレゼンターはルポライターで、講演家は小説家くらいの違いがある。前者は事実や真実をわかりやすく見せ説明する。後者は世界観を提示し魅了する。

では、すぐれた講演コンテンツとは？　まず、端的に結果から述べる。

講演は

・「感動させるもの（感動）」
・「人生における気づきを与えるもの（発見）」
・「とにかく楽しませるもの（エンタメ）」
・「学習欲を刺激するもの（知識）」
・「役立つ知識を与えるもの（実利）」

の5つにわかれる。あなたがなすべき講演はこの5つのうちどれだろうか。次に、それにあてはまる偉人たちの講演テープを買って、そのまま模倣すればいい。

以上、終わりだ。

その偉人になりきったつもりで話せばいい。これにまさる講演力向上術はないと、ぼくは信じている。

本章では、

1. 講演のコンテンツの作りかた
2. 講演での伝えかた
3. 講演準備としての祈りかた

をそれぞれ話していきたい。

ところで、その前に――。

ぼくは講演することも、聴くことも多いけれど、考えるほど講演会とは特殊な空間だ。たった1人が話して、その他の大勢は聴くだけ。第1章で取り上げた資料の説明会や報告会ならともかく。どんなひとたちが講演を聴きにくるのだろうか。次の4タイプだ。

**①講演者を見てみたい！と願うひと**
**②テーマに興味があるひと**
**③時間つぶし**
**④しがらみ（団体・組織・会社）があってやむなく参加しているひと**

もちろん、①→④の順番によいお客だ。しかし、ぼくに興味があるのは主催者だけで、お客がほぼ④のみの前で話す機会もある。超のつく有名人でも①ばかりではない。

①②のお客であれば、難しくても専門用語が多くても大丈夫だ。③④のお客にはできるだけ平易に、かつ専門用語を廃して語りかける必要がある。しかし、①②だけのケースはほとんどないので、①〜④が混在しても大丈夫なようにしておかねばならない。

ここでまず抽象的に述べておくと、**講演は「めちゃくちゃ難しいことを、めちゃくちゃ**

**簡単に述べ」「めちゃくちゃ簡単なことを、めちゃくちゃ難しく述べる」のがコツだ**。講演では、聴衆の満足条件と講演内容が完全には合致できないところに本質がある。だから、まったくおなじような講演をしても、ウケるときもあるし、ウケないときもある――のは、そのような事情による。

お客全員を満足させられない。ただし、満足させる可能性はあげられる、と講演者は信じて研鑽《けんさん》せねばならない。

最終章だから甘えているわけではないけれど、くわえて定性的な経験則を述べておく。**あなたが講演会を開くとすれば、お客さんはあなたに似たひとが多く集まってくる**。なぜだろう。これは調べてもよくわからない。だけど、多くの講演プロデューサーからも似た内容を聞いた。山師には山師が。怪しげなひとには怪しげなひとが。詐欺師には詐欺師がよってくる。なぜだか、真面目なひとには真面目なひとが。勉強家には勉強家が寄ってくる。昔から「類は友を呼ぶ」とはよくいったものだ。

ではここからなにがいえるのだろうか。つまり、「あなたが講演するときは、あなたが面白いと思っている内容を、面白いと感じるように話せ」と教訓を導ける。だって聴いているのは「あなた」なんだから。この教訓・前提を失念しないようにしたい。なぜなら、講演コンテンツや伝えかたに悩んだら、自分に問いかければいいからだ。そして、真面目で勉強熱心なひとに聴いてもらいたければ、まずあなたがそうあらねばならない。

## 講演音源を300万円ぶんほど購入しよう

そこで、やっと「1．講演のコンテンツの作りかた」について。本書の読者はビジネスマンが多いだろう。お気に入りのビジネス書著者がいるかもしれない。手始めに、さまざまな講演CDやらDVDなどを買い漁るのがよい（コラム参照）。また、現在では著者の講演CDつきの書籍が多く売られている。これも買い漁ろう。

ちなみに、ぼくはおそらくこれまで300万円ほどは講演音源の購入に費やしている。しかし、ぼくが出会ったなかで最高は1600万円を使ったひとがいて、リストを見せてもらったところ、ありとあらゆる話者の講演音源が載っていた。

定性的になってしまうけれど、自己投資以上のお金は必ず返ってくる。株やFXなどに投資するより100倍は確実にリターンが見込めるだろう。よってまったく躊躇《ちゆうちよ》する必要はない。たとえぼくとおなじく300万円かかったとしても、すぐに取り返せるし、株やFXと異なり、講演力が身につく。

講演の分析手法はこうだ。まず読書とおなじく講演を愉しんで聴く。本と異なり、基本的に音源は話者のスピードにあわせなければいけないものの、iPodなどの倍速機能を使えば2~3倍速で聴くこともできる。通勤中や散歩中など、とにかく聴きまくる。

そうすれば、きっと面白い講演と出合うはずだ。前述のようにあなたが面白いと思う事実こそが重要だ。とはいえ、個人的経験では2万円も払った講演CDがあまりにつまらなくて驚くケースが多い。しかし、その程度でも仕事になるのかと大いに励まされる。また、講演の内容も当然ながら聴くので、学習にもなって一石二鳥だ。

あなたが講演するものは、5つの〈感動〉〈発見〉〈エンタメ〉〈知識〉〈実利〉のどれかのはずだ。自分が「こう話せたらいいな」と思う講演はどれに分類できるだろうか。たとえば〈感動〉に分類したら、あなたは5分の1の「型」を手に入れた。おめでとう。あとは、「こう話せたらいいな」と思うだけではなく、実際にそう話してみればいい。

## 講演の分析方法

では、どうやって講演を分析すればいいか。ノートを用意してほしい。見開きの右側にはその講演の分析を。左はあなたの講演を書くスペースにしよう〈**図1**〉。

画像は、見開きの右側で、ぼくが某氏の講演を分析したときのものだ。

一字一句を逃さず書いているわけではない。話の概要を書き、ページの右側には、何分

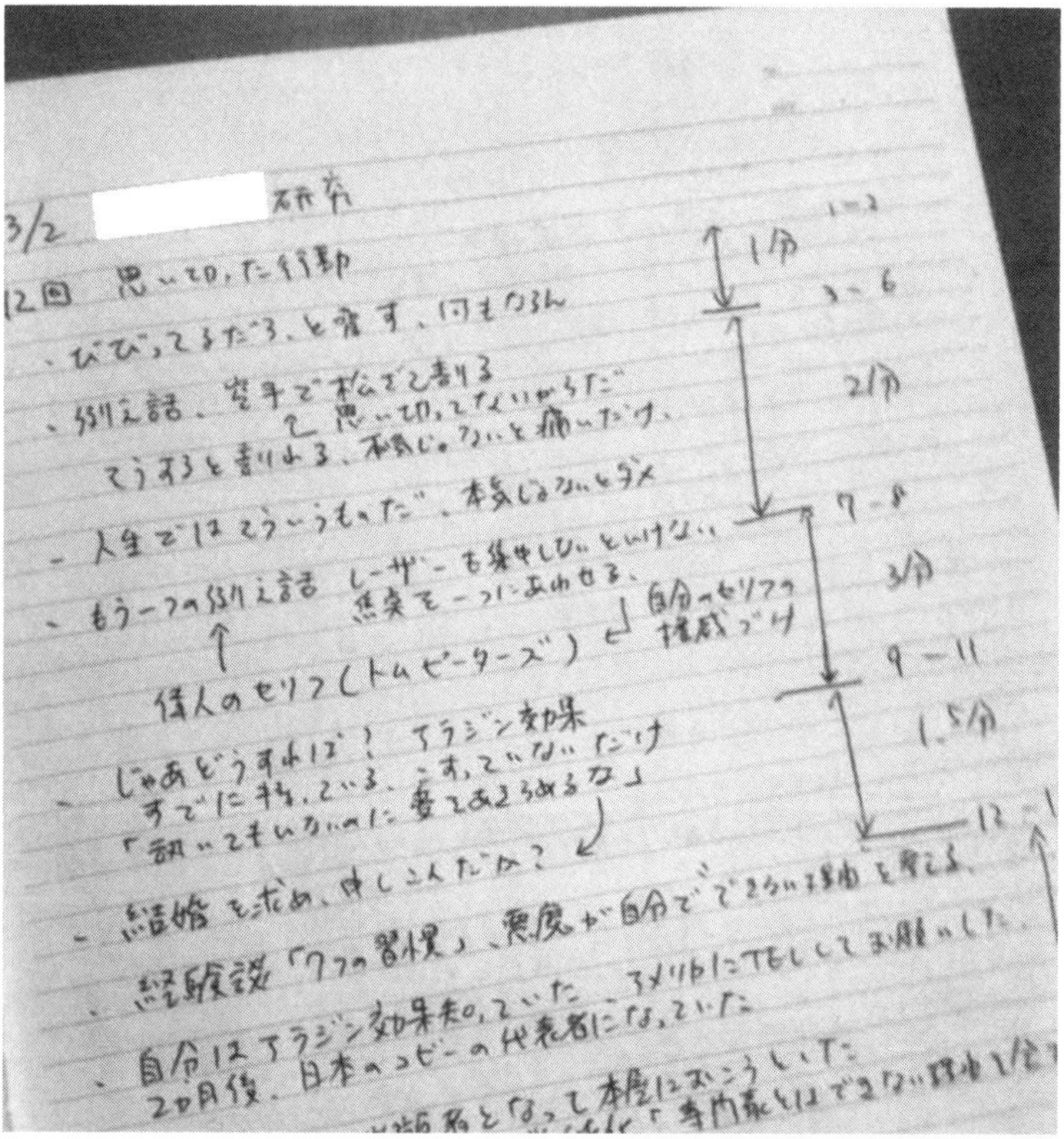
研究
12回 思い切った行動
1分
3-6
・例え話、空手で板を割る
2分
・人生ではそういうものだ。本気じゃないとダメ
7-8
・もう一つの例え話 レーザーも集中しないといけない
焦点を一つにあわせる。
3分
自分のセリフの権威づけ
偉人のセリフ（トムピーターズ）
9-11
1.5分
・結婚を求め、申しこんだか？
・経験談「7つの習慣」


〈図1〉

くらいそれぞれのトピックに費やしたかを書いている。

ぼくの心のなかはこんな感じだ。「なるほど。導入部（1分）。最初にたとえ話から入り、そこから人生の教訓を導き（2分）、さらに偉人のセリフを引用（3分）。そして決めゼリフ（1・5分）。経験談を要所々々に盛り込みながら話を盛り上げていく（3分）わけだ……」。

そして、見開き左側には、これを自分のエピソードに置き換えたものを書けばいい。講演の論理構成は同一のものとなり、感動の構造をそっくり真似られる。講演の内容を一から考えるのではなく、テトリスのブロックを自分の頭のなかから探して、それを当てはめる機械的な作業だ。

あなたが理想としている講演の内容と近似した経験を自分のなかから探そう。極論を申し上げるなら、人生は似通っている。誰かの経験と似通った経験をきっとあなたもしている。完全におなじではなくても、近似した内容だ。

たとえば、某芸能人の付き人をして、怒鳴られながら成長していった自身のエピソードを語る有名講演家がいる。多くのひとは、芸能人のマネージャー経験はない。だけれど、怖いおじさんと接して仕事をした経験はあるだろう。そこから、同様の論理で教訓を引き出せばいい。

そのように分析を進め、目標は前述のとおり、5つの型を作ることだ。言い換えれば、

5つの落語か漫談を作るといってもいい。

ちなみに、ぼくは日本経営合理化協会の牟田学会長の講演には魅了される。ぼくと同じ感想をもつのか、リピーターが多い。いつ聴いてもほとんど同じ内容にもかかわらず、だ。しかし、これも落語と考えれば合点がいく。オチすらわかっていても、ぼくたちはお決まりの内容に感動してしまう。

写真〈**図2**〉は、ぼくがこれまで講演を分析し続けたノート群だ。他のひとは単に感動するだけだろうけれど、ぼくだけはその感動の構造までをわかった気になって愉しい。学習や分析の愉悦があるとしたら、このような思い込みではないかと思うほどだ。

さて、話せる講演題材が5つあって、次節のテーマにもあるとおり語り口もすぐれていればきっと講演家としてデビューできる。

いや、そりゃ、あなたが思い出した経験は、たいしたことないエピソードかもしれない。だけど、分析によってあなたの講演を最大限に向上させるわけだ。それに、すぐれた講演を分析して気づくのは「たいしたことない」事実だ。これは皮肉ではない。ほんとうに「たいしたことをほとんどいっていない」。雰囲気や口調、ドラマチックさで感銘を与える。でも、1つか2つよいことをいっていたら、それでじゅうぶんだ。

だからあなたも、1つか2つのすぐれたメッセージを発せられればよい。

むしろ、すぐれた講演とはよいセリフを1つか2つ述べるために、全体が前フリになっているといってもいい。いきなり感動的なフレーズを述べても誰も感動しない。感動させるまでの構成こそ、盗むべきものだ。それに、自分自身を思い出してほしい。これまで聴きに行った講演会の話を一字一句覚えているだろうか。大半は講演家がなにを話したかさえ失念し、覚えていても1、2個のフレーズくらいだ。

だから講演は本と異なって学ぶ側からすると効率が悪い。しかし、国民全員が本読みではない。それに、講演ならば強調したい箇所を感情的に強調できる。それがいまだに講演なるものが廃れない理由だろう。

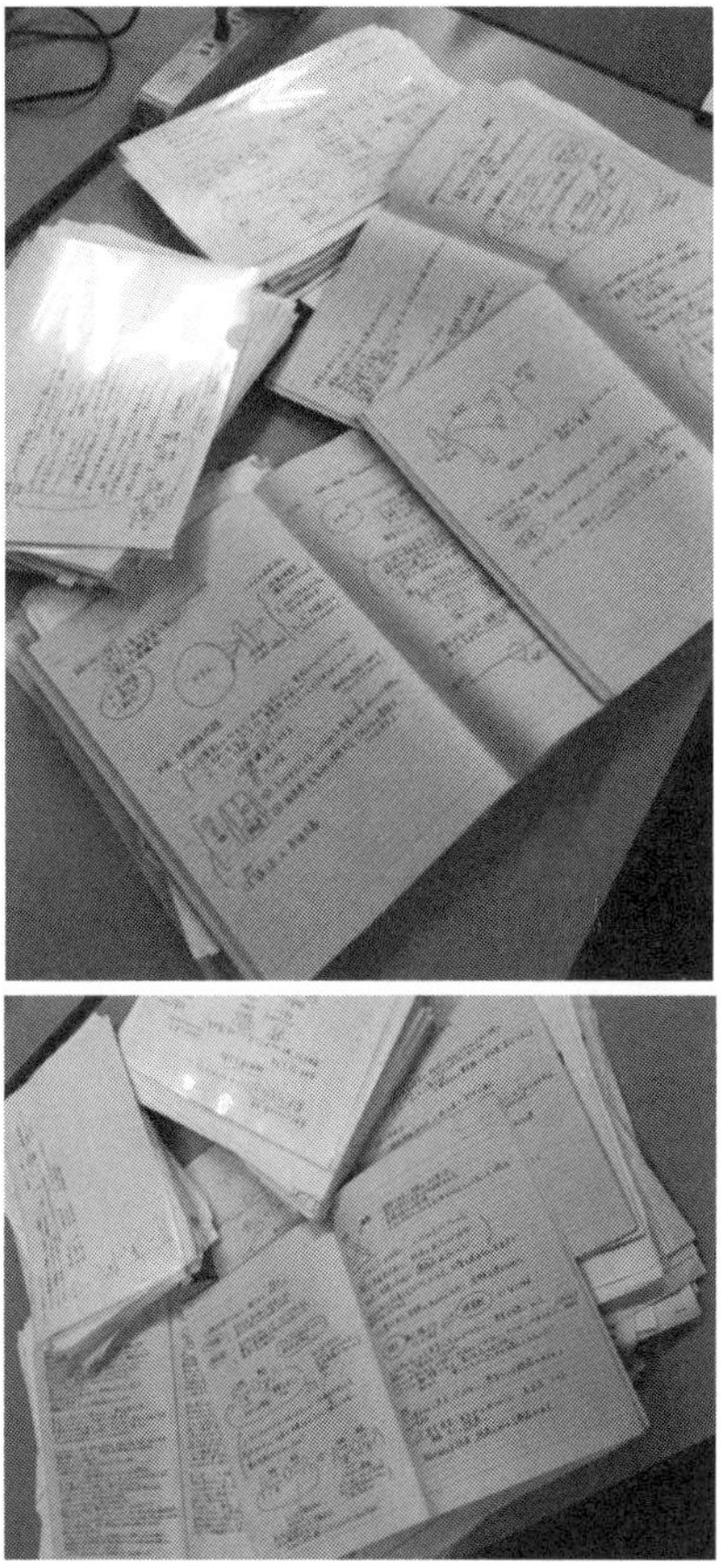

〈図2〉

コラム

# 講演の音源をどこで買うべきか

□ ｉＴｕｎｅｓ
□ ａｍａｚｏｎ．ｃｏ．ｊｐ
□ アルマクリエイションズ（ http://www.almacreations.jp/ ）：有名な神田昌典さんの講演音源を購入できる
□ 本田健公式サイト（ http://www.aiueoffice.com/ ）：本田健さんの講演音源を購入できる
□ フォレスト出版（ http://www.forestpub.co.jp/goods.cfm ）：同社の執筆陣の講演音源を購入できる
□ 日本経営合理化協会（ http://www.jmca.jp/ ）：有名経営コンサルタント諸氏の講演音源を購入できる
□ 各ビジネス書著者のHPなど
□ あうん（http://www.awn.jp/）：岡本吏郎さんの講演音源を購入できる

これらを参考に探せばきっと面白い講演が見つかるはずだ。

テーマ

# 2 声の出しかたの3とおり、視線の原則、動きかたを習得する

## 声の出しかたは3つある

次に、講演の伝えかたについて述べていこう。まったくおなじ内容を話しても、話し手によってまったく印象が異なる。感情豊かな話し手には誰もが惹き込まれる。そのいっぽうで、直立不動の棒読みならば、聴き手はすぐに意識を失うだろう。できるかぎり聴き手を退屈にさせず、しかも、こちらの主張に耳を傾けてもらうためには、伝えかた・話しかたを工夫する必要があるんだ。

1つの文章を読むとき、声の出しかたに3つあると覚えておこう。

①声の大きさ：大声　ｏｒ　小声
②音程：高い声　ｏｒ　低い声
③スピード：早口　ｏｒ　ゆっくりした口調

この3つだ。

それで、ぼくが聴くかぎり、素人の講演はほとんど「声の大きさ」しか意識していない。有名なところでは、元首相の野田佳彦さんも早朝街頭演説（辻説法）をあれだけ繰り返していたのに、声のバリエーションは大小だけだった。おもいっきり感情的に話す、おなじく元首相の小泉純一郎さんとはだいぶ違っていた。声の出しかたが人気の差になった、とはいいすぎかもしれないけれど、ぼくはそう信じている。

講演のときは、「①大小」「②高低」「③遅速」を意識し、聴き手を退屈にさせないようにするんだ〈**図3**〉。

イメージでは、

| | | | |
|---|---|---|---|
| 声の大きさ | 大声 | or | 小声 |
| 音程 | 高い声 | or | 低い声 |
| スピード | 早口 | or | ゆっくりした口調 |

〈図3〉

**①声の大きさ：**大声＝通常の声×2、小声＝通常の声÷2
**②音程：**高い声＝通常の声の1オクターブ上、低い声＝通常の声の1オクターブ下
**③スピード：**早口＝通常のスピード×2、ゆっくりした口調＝通常のスピード÷2

を意識しておけばいい。それぞれ、極端なほどだ。

すでに講演の原稿なりコンテンツを作っていたら、この①〜③を意識して発声練習をしてほしい。大げさなほどいい。自分自身が「すごく大げさだな」と思っていたら、聴く側からすると「普通」だ。自分自身が「やや感情的かな」と思っていたら、聴く側からすると「棒読み」だ。自分自身が「普通かな」と思っていたら、聴く側からすると退屈すぎて寝てしまう。繰り返すと、講演者は文字どおり「演者」だから、舞台に立った俳優の気持ちで語ればいい。

では――。

練習すべきってのはわかった。でも、練習しても、どこの箇所を大きく語るべきかわからないかもしれない。あるいは、どこの箇所を高く、ゆっくりいうべきかわからないかもしれない。もちろん、プロの声優ならば事細かなルールがあるかもしれない。でも、あまりに細かな法則なんか覚えていられないし、だいたい現実的じゃない。

いいかな。これからすごく重要なことをいうよ。

では、いつ声を大きくして、いつ声を小さくして、いつ早口で、いつゆっくりと話せばいいか……って法則だ。

それは「適当でいい」んだ。繰り返す。「適当でいい」。

これまで、多くの講演者を分析したけれど、法則性なんてなかったよ。そりゃ、もちろん強調したいときについ大声になっちゃうってくらいはあるかもしれない。でも、それくらいだ。重要なのは、ランダムでもいいから、とにかく声に変化をつけようと考え、適当でも声を変える事実こそが重要だったんだ。

話しながら①～③をランダムに変えるくらいならできるでしょ。

ほんとうかって？

それは信じてもらうしかないけれど、とにかく感情的に話しているって事実だけが重要だ。ぼくは発声のプロに習っているんだけれど、「おじいさんはやまにしばかりにいきました」といった文章であっても①～③を駆使すれば生き生きとしてくるのは驚くほどだ。不思議なのは、試していただくとわかるとおり、①～③を意識して話していると、なぜだか表情も変化がつく。まさに演者になる。つまり、感情豊かだからそれが声に表れるのじゃなく、声を変えるから感情が豊かになる。

ここにも面白い逆説がある。

## 視線は遠くと近くの2ブロックで使いわける

また、話すときの視線の原則を語ろう。

ぼくは講演とか研修講師をしているって話した。ありがたいことにぼくはあまり苦情を受けた経験がないけれど、講演プロデューサーや研修会社のひとに訊いてみると、アンケートで「講師と目が合いすぎた」っていう苦情があったらしい。「講師がアガっていてまばたきが多かった」なんて苦情にいたっては、ほっといたらいかがですか、というしかない。

ただ、まあ、最前列のひとからすると講師の視線が気になるのは事実で、それは参加者の立場からもわかる。ぼくならアンケートに苦情は書かないけれど、目が合いすぎると、妙に緊張してしまう。それは講演者も同じで、最前列のひとを見すぎると視線に耐えきれず、ガタガタと震えてしまうなんてケースもある。

そこで、よい方法は、視線の対象を遠くと近くの2ブロックにわけるやり方だ。大きな机の前に立って講演するとき、あるいは会議室で講演するとき。机も、会議室も「遠く」と「近く」にわける。それで、原則は自分からもっとも遠いひとをまず見て、そこからジグザグに視線を動かしていく。肝要は、遠くのひとから見る点。参加者としても、自分がもっとも後ろの席に座っていたら、視線があってもさほど緊張しない**〈図4〉**。

より大きな会場でも原則は変わらない。セミナールームでも、会場でも、遠くを起点としてジグザグに動いていけばいい**〈図5〉**。

ちなみに、それでも慣れない場合は、最前列のひとは見なくてよい。圧迫感を覚えるようであれば、2、3列目以降の聴衆を見ていよう。さらにくわえると、もし会場に早めに到着し客席のレイアウトを工夫できるのであれば、演台から最前列までは2m以上の間隔をあけてもらおう。実際に演台に立ってもらうとわかるけれど、2m未満の間隔だと、すごく近くて話しづらい。

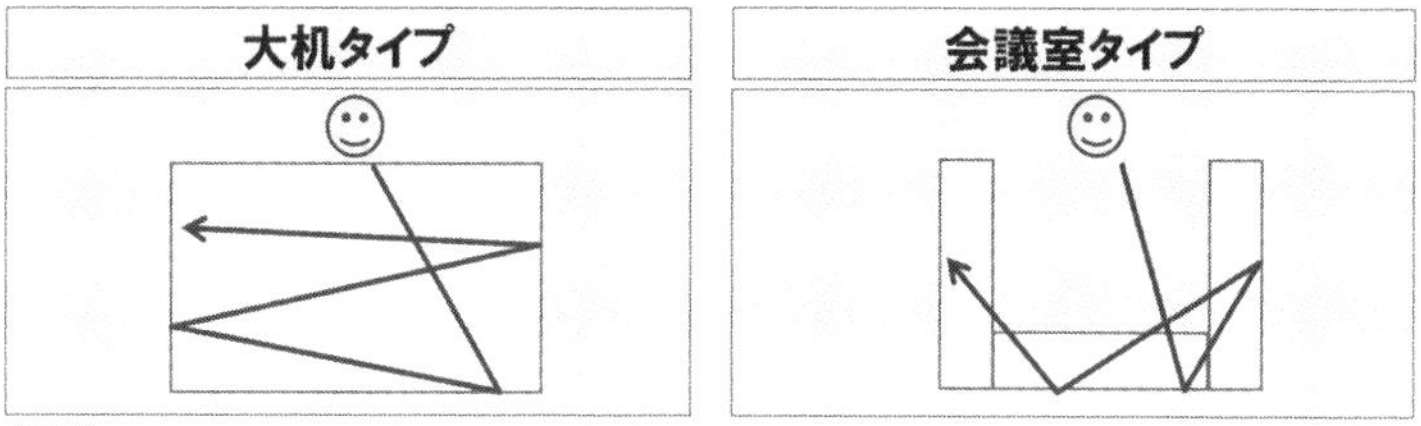


〈図4〉

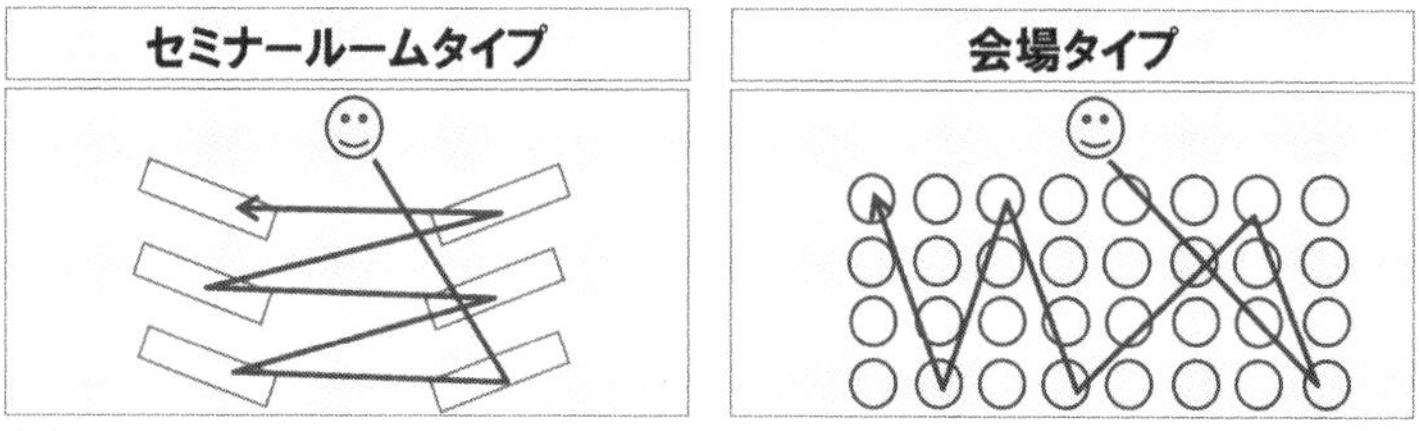


〈図5〉

## 講演中の動きは「問題提起」と「解決案提示」の2つにわける

さきほどまんなかに講演者が立っている図を載せた。実際の講演では、動きがほしい。これは音源だけではわからない。DVDや、実際の講演会場に行って見るのがよい。

マイケル・サンデル教授のように歩きまわりながら生徒の意見を訊き集めるタイプの講義であれば、それこそランダムに動きまわる。しかしあれは、あくまで一つの特殊な大学の講義だ。講演会ではどうしたらよいだろう。

結論的にいうと、できるかぎり動きをつけたほうがいい。そのほうが、聴く側も退屈じゃないからだ。かといって、単に動けばいいんだったら、講演者はみな走りながら話しているはずだ。あまりに動きすぎても気が散ってしまう。

これまた複雑なルールはやめておこう。

簡単に、基本的には聴衆から向かって右側に立つ。そして、問題提起をおこなう。そして、話が盛り上がり、その問題提起の結論部に突入したときには、聴衆から向かって左側に立って説明しよう。そうすれば、最小限の動きで、大きな効果が期待できる。

まず、講演とはなにかテーマがあるはずだから、みずからの問題意識を述べ、聴衆に問題を呈示する。まあ、そんなに難しく考えなくても、話のキッカケを述べるパートだ。これを、スクリーン右手でおこなう。そうすると、なにが利点かというと、右手が使えるのだ。ポインターでも指し棒でも右利きならば有利だ。とくに腕が体に交差してしまうとみっともないので、見た目の効果もある〈図6〉。

さらにスクリーン右手に立つのは、聴衆が左脳を使って聴くからだ。正直にいえば、ぼくは俗的な脳科学とか心理学なんてものを信じていない。だから、右脳左脳なんてのは、あんまり書きたくないんだ。

だけど、やや超・論理的であっても、聴衆から受け止められやすくなる〈図7〉。

こう動けば、1つの問題提起にたいして1つの解決案提示があるはずだから、右→左の移動がワンセットになる。ほらね、これくらいだったら、わかりやすいし、覚えていられるよね。講演のなかで3つほど問題提起があれば、都度、逆側に3回移動する。この立ち位置について、逆を書いている本もある（左で問題提

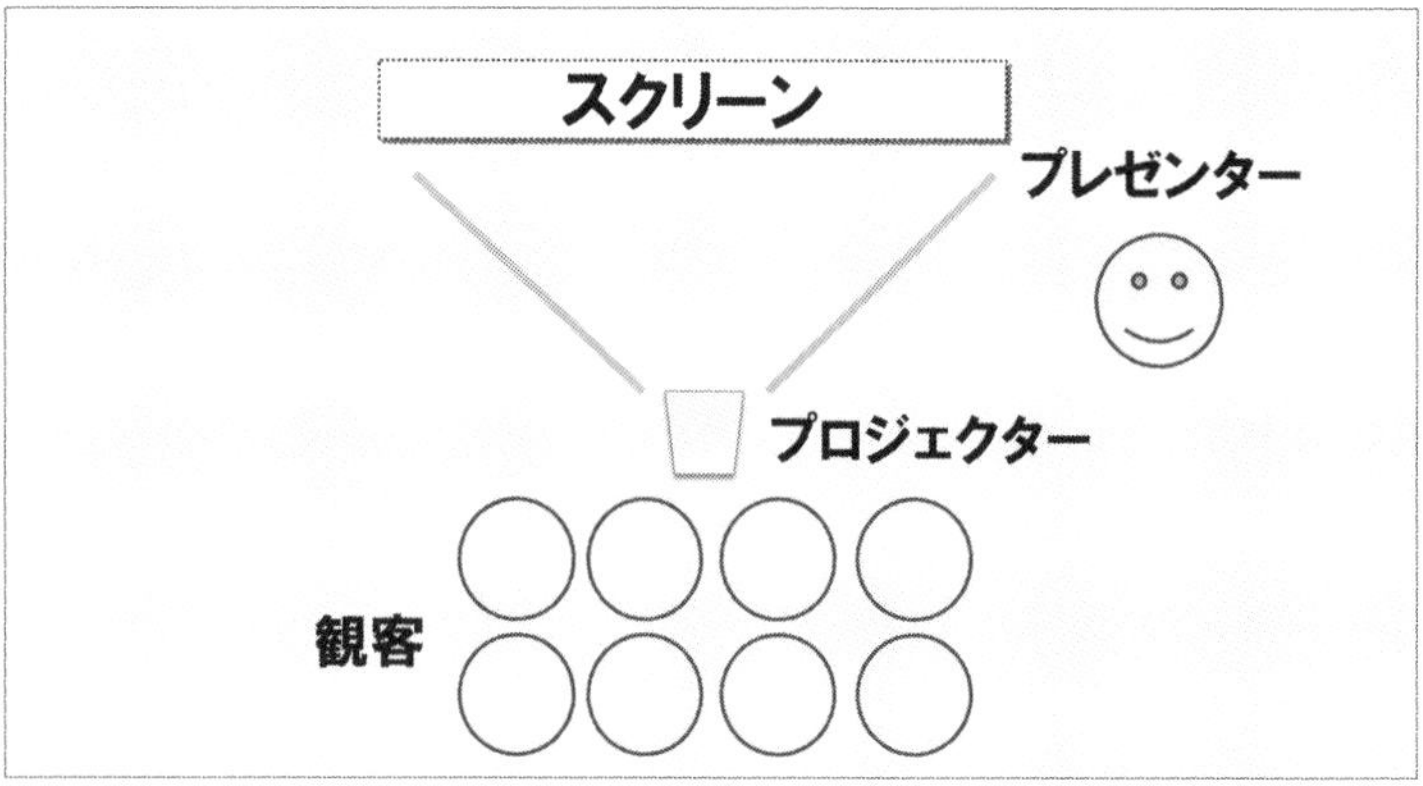

〈図6〉

起、右で解決案提示）。しかし、どうもぼくにはしっくりこない。やはり、右で問題提起、左で解決案提示がよい。人間の視線は左から右に動く。だから、まず「スクリーン」で内容が表示され、その右に立つプレゼンターが問題を提起する。そして、スクリーン左に立って解決策を説明し、その具体的内容が、プレゼンター右のスクリーンに表示される。そうすれば、聴き手の視線の動きがスムーズになるはずだ。

それでも動きのルールを緊張して覚えていられないかもしれないって？　ぼくも、会場があまりに大きい場合はそうだよ。それなら、聴衆から見てスクリーン左側にホワイトボードをおいておけばいい。こうすると、絶対に解決案提示のときに移動しなきゃいけなくなるだろう。これも講演スタイルの「型」としてもっておけばいい。

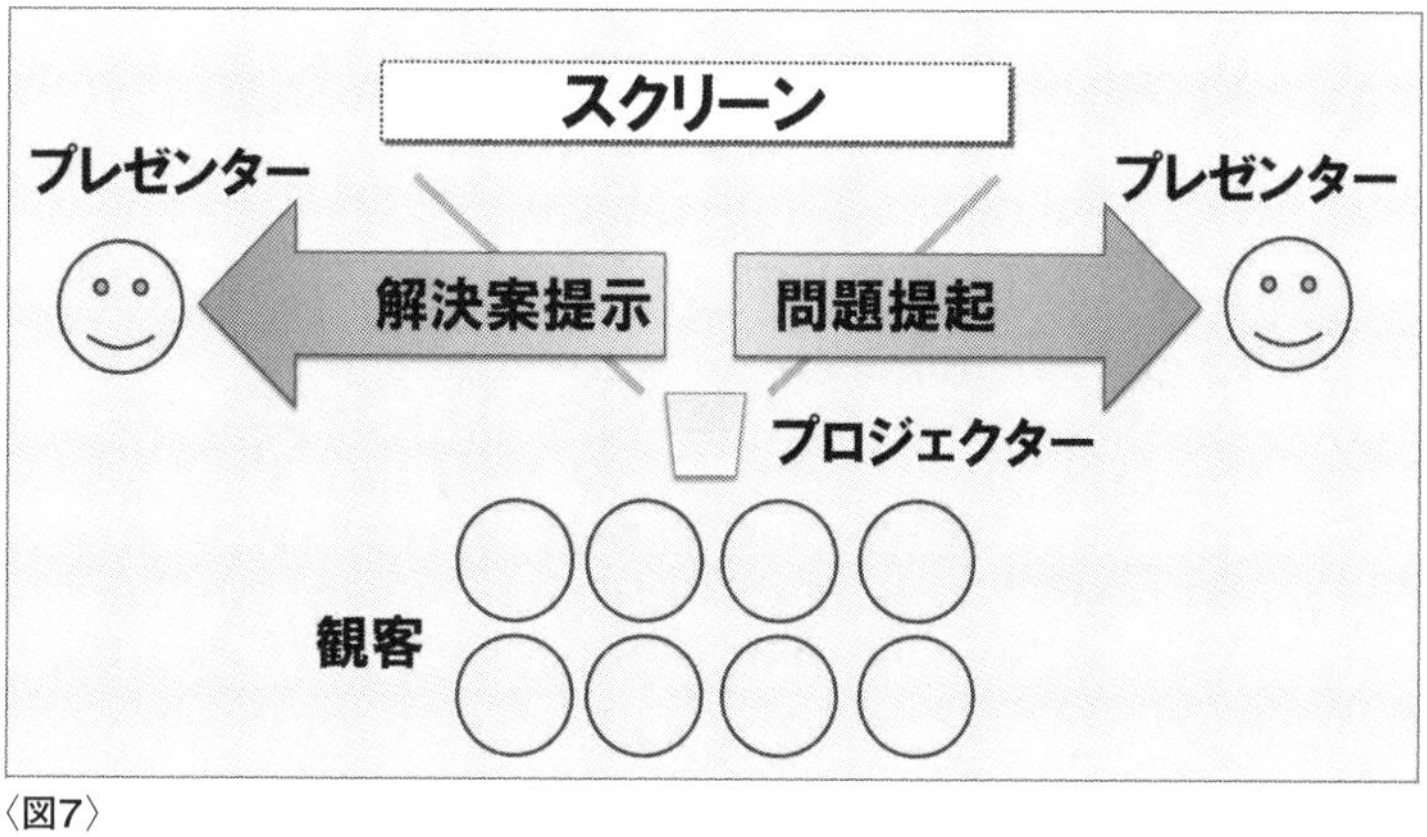


〈図7〉

## 講演の前口上に地方ネタは禁止しよう

これまで、講演の伝えかたについて述べてきた。聴衆の注目をひくためのスキルだった。ところで、講演家になりたてのひとがよくやる手がある。聴衆と一体化しようと思って、地方ネタを話してしまうのだ。たとえば「この地方の有名な日本酒○○が大好きでして」とか「ここの郷土料理○○に目がなくて」とか。

でもね、みんな地元の酒ってそんなに飲むか？　地元料理ってそんなに食べるか？　外国人から日本料理を毎日食べていますか、と訊かれても、そもそも日本料理ってなにかわからないのではないか。それに聴衆が「ベタなものしか知らないいんだな」とむしろ低く講演者を見るリスクがある。そうなると逆効果だ。

地元のひとも知らない、ほんとうにレアで意外なものならOKだ。しかし、そうじゃないなら、避けたほうが無難だ。

すぐれた講演を聴いていると、意外にも前口上に地方ネタは少ない。音源だけ聴いていると、どこで話しているかまったくわからない。むしろ、前口上なんてほとんどない。それよりも、内容をしっかりして、伝えかたを磨いたほうがよい。

故・金子哲雄さんは、講演会の前口上で「実はここは私の第2のふるさとでして……」

とはじめ、その地方ごとに作りだめしたネタを畳み掛け、見事なトークで会場をまず爆笑させていた。金子さんのアドリブ力と瞬発力は、常人が真似できるレベルを超えていた。ぼくは、金子さんの真似はやめるべきだと感じた。そして誰にとってもそうだろう。

講演の聴衆は、講演者のすり寄りを期待していない。当然ながら、内容を期待しているのだ。

テーマ 3

# 講演準備の最後は祈り続ける

## 情熱、勇気、CSの3要素が講演を向上させる

さて、この「計る」「数える」「記録する」仕事術も最後の節となった。講演のラストテーマとして、講演準備としての祈りかたを説明したい。

祈りかた？　そう。「計る」「数える」「記録する」仕事術といいながら、この節は、まったく定量的じゃない。定性的もいいところで、むしろ、非科学的でさえある。ただ、定量的な把握の先に、どうしても語っておきたい、超・「計る」「数える」「記録する」仕事術の内容がある。

とくに講演は、1人の人間が、同じ場を共有している誰かに訴えかける。もっとも、ある種の人間的な要素が大きい。だから、神がかり的な表現をお許しいただきたい。最後に伝えたいのは、次の3つだ。

1. **情熱**：情熱的に語る
2. **勇気**：勇気をもってコンテンツを作る
3. **CS**：お客を考え続ける

ぼくは節タイトルに「講演準備の最後は祈り続ける」と書いた。ぼくは常に思っているけれど、祈る行為を一度でもした経験のあるひとは、きっと、神を信じるひとと同義だろう。理論や論理や理屈のみでは物事の成否が予想できない場合に、ひとは祈りだす。ぼくも、どんなに準備をしても、それだけでお客を満足させられると確信をもつわけではない。準備と練習は当然として、そのうえでうまくいくように祈る。

その意味ではぼくは無神論者ではない。

そして、この祈りは、最後に語る価値がある、とぼくは思っている。

## 情熱がなくても情熱的に語ろう

まず「1．情熱：情熱的に語る」だ。文字どおり、熱っぽく語る必要性を強調しておきたい。内容がくだらなくても、自信満々に、そして情熱的に語っているひとの言葉が、みんなを惹きつける。

極端にいうのであれば、内容が間違っていても、話し手の態度に聴衆は左右されてしまう。いや、たしかに正直いえば、話している側からすると自分の意見なんて完璧だと思っていないよ。論理に穴もあるし、そもそも正しいかすら自信がもてない場合もある。

そんなときでも、毅然とした態度で話す姿勢こそ重要だ。

ぼくの知人に千葉祐大さんってひとがいる。千葉さんは、さまざまな大学で講師をしたり、専門学校で教育したりする話すプロだ。で、この前、聞いていて驚いたんだけれど、大学生で枕を持参する奴がいるらしい。最前列に座って、その枕を使って寝るためだよ。大学側は、素晴らしい話ができる講師を揃える。でも、結局のところ、受講者側はそもそも聴きたいと思ってすらいない。

そんなとき、やはり毅然とした態度で臨まないとバカにされるだけだ。目を冷たく光らせて、注意すべきは注意し、それでも態度を改めないひとには出ていってもらう。こちらが真剣であると伝えなければ、聴衆も真剣にならない。もちろん、千葉さんのケースは特殊かもしれない。だけど、聴く気のない聴衆の前で講演せざるをえない場合がとくに、こちらの真剣度・情熱を感じてもらう必要がある。

こういうことはいいたくないけれど、とくに講演者が若いほど、情熱を装う必要がある。理屈で正しい内容を話していても、衒学《げんがく》的だと、どうしても聴き手が信じてくれない。話し手と内容は別に考えるべきだとぼくは信じている。だから、誰が話しているかによって信じる信じないを決める態度はくだらない、とぼくは思う。だけど、それでもなお、少なからぬ聴衆にとっては、話し手の若さがマイナスになる。そこで、自分の話を信じてもらうためにも、情熱が必要だ。

偽悪的に書いたとおり、ほんとうに情熱的かどうかは関係がない。情熱的にふるまえばいい。コツは、

- **「〜と思います」「〜と考えられます」ではなく、「〜です」「〜にほかなりません」といいきる**
- **きりりとした表情を練習しておく**

の2点だ。とくに後者は、鏡で自分を眺めて「キメ顔」を用意しておけばいい。一度、自

分が話しているシーンを録画するのもよい。おそらく、恥ずかしくて、下手すぎて、見ていられないはずだ。しかし、聴衆はそれを見ている。弱々しいと、聴く気さえなくなる。情熱的に語ること。そしてそれは自分のためではなく、どこまでも聴衆のため、仕事のため、と割りきろう。

## ギリギリを狙って話すのが講演と心得る

そして、講演では勇気をもつことだ（「2. 勇気：勇気をもってコンテンツを作る」）。これまで、ぼくが講演して「内容が盛りだくさんで、一つひとつの内容が薄かった」と感想・批判をもらう場合はあっても、「内容が絞られていた。もっと広範囲の知識を教えてほしかった」と感想・批判はもらったためしがない。

いや、そりゃまったくないかというと、ないわけじゃない。「○○についても言及すべきだったのではないか」と。でも、無視してよいほど少ない。おそらく、そのテのひとは、自分はよくわかってるんだぞ、と自慢したいのではないかと勘ぐってしまうほどだ。

よって講演では、話す内容を絞る必要性がある。本章のテーマ1にそって講演コンテンツを作成すれば必然的に内容は絞られているだろう。〈すぐれた講演とはよいセリフを一つか2つ述べるために、全体が前フリになっている〉と書いたとおりだ。

完成したコンテンツを見ていると、あれもいわなきゃ、これもいわなきゃ、とついつい不安になってしまう。でも、てんこ盛りにすると、聴衆はなにが大事なのかさっぱりわからない。ばっさりと切る勇気と、批判されてもいいと割りきる勇気が必要だ。

また、できるだけ表現はやさしく、そして過激にするほうがよい。ぼくは常に「効率化、効率化っていいますけれど、みなさんのバカなやりかたを効率化したって、バカが加速するだけですよ」とか「安易な値下げをしてモノを売ろうとする営業マンは死ねばいいと思いますよ」とか「おなじやりかたを繰り返して、違う結果を求めるひとを、精神異常者と呼びます」とかいうようにしている。

通常ならば絶対にいわない言葉だ。しかし、考えに考え抜いて、この程度ならいってしまっても大丈夫だろう、とギリギリのラインを狙う。コミュニケーションとは勇気のことだから、迷っていいたいことをいわないくらいなら、飛び込むほうがよい。2割のひとに猛烈に嫌われても、8割のひとに賭ける。いや、8割のひとに猛烈に嫌われても、2割のひとに歓迎されるなら、過激なフレーズだって述べる勇気をもとう。

もっとも効果的に自分の人間関係を整理する方法は、嫌われることだ〈図8〉。

また、スライドでも「こんなの出しちゃっていいのかな」と思うギリギリのラインを狙おう。図は、ぼくが某所で講演したときの「おしながき」だ。堅苦しい場所だったので、

おしながき①「私によると、要するにTPPは」
ちょっとややこしい話でよければどうぞ！
おしながき②「プレゼンの秘密」
まあまあの話でよければどうぞ！
おしながき③「サラリーマンが本を書く方法」
ふ〜んという話でよければどうぞ！
おしながき④「実はまったく利益貢献していなかった調達・購買部門」
小難しい話でよければどうぞ！

〈図8〉

さすがにこれまで誰もマンガで、かつフザけた感じのおしながきを映し出すひとはいなかった。しかし、ぼくは、あえて挑戦した。

もちろん、ハズすケースも多い。でも、ハズしたって、そこのひとたちとは60〜90分でお別れだ。ヘンに躊躇するよりも、果敢に試行錯誤できたなら、得られる果実は大きいだろう。

企業のお偉いさんしか集まらない場の講演で、ナメたスライドを用意するのは、いまだにぼくでも迷うし悩む。当日は手に汗握ってしまう。でも、やらないよりはやったほうがいいと自分にいい聞かせている。「冷や汗が出たらどうするかって？――拭けばいいじゃないか」と。

## お客を考え続ける

そして、これこそ最後の最後だ。

ぼくが思うに、最高の講演をするためにはどうすればいいか。それはお客を考え続けるにかぎる（「3．CS：お客を考え続ける」）。

お客にとって新しい知識はなにか。これまでになかった視点はなにか。いや、知識も視点も与えられなくても、講演時間を愉しんでもらえるか。自分の講演会に行ってよかったな、と思ってくれるためにはなにができるか……。そうやってどこまでもお客を考え、講演を通じてCS（カスタマー・サティスファクション～顧客満足）を実現していく。

ちょっと大げさにいうと、お客に幸せになってほしいと願う。そんな態度がすごく重要じゃないかとぼくは信じている。

ぼくが行ったなかでも、よかった講演と、悪かった講演がある。よかった講演は、総じてお客を考えた時間が長く、真剣度も高かった場合だ。お客を考えさえすればよい講演になるわけじゃない。これまで説明したような型が必要だ。十分条件ではなく必要条件にすぎない。

でも、最後の最後に、よい講演と悪い講演を分かつものは、話し手の気持ちにほかならない。これは定量的な説明じゃないよ。しかし、定性的ながら、「計る」「数える」「記録する」仕事術を補完してくれる。

お客のことを考え続ける。それは、講演だけじゃなくて、すべての仕事に共通だってわかってもらえるはずだ。ビジネスでなぜお金をもらえるかっていうと、それは他者を幸せにするからだ。とても青臭い言いかただけれど、ぼくはずっとそう信じている。

いや、きっと講演の型を分析したり、しちめんどうくさい講演の練習自体、お客を考え続ける愚直さがなければできないだろう。相手がどうなろうと知るか、自分の話を聴くだけで変わるはずがない――、と思っていれば、当然ながら自分を改善しようともしないに違いない。

その意味では、本書をここまでお読みいただけた読者は、じゅうぶんな資格がある。むしろ、自身のお客を考え続けているひとたちに違いない。この「計る」「数える」「記録する」仕事術っていうのは、単に「他者の形式をパクればOK」というものではなく、

## ・お客を考えるがゆえに先人たちの型を徹底的に分析し

- 先人たちがどのようにお客を喜ばせるために考え抜いてきたのか、その構造の巧みさと叡智《えいち》に感動し
- しかもその分析によってお客をより考えるようになる

ことに肝要がある。

本書は、執拗《しつよう》なほど細部にこだわり、形式と手法論によって仕事を変化させようと試みてきた。その仕事と分析への愛情は、お客への愛情に支えられるだろう。

誰かと仕事をするとは、その誰かに少しでも感動してもらうことなのだから。

# おわりに

ＰＨＳの電源をオンにした瞬間にかかってくる電話。ブツが入ってこないぞと怒鳴る声、おたくと取引やめたいんですけどと脅す声、生産遅延はお前のせいだと断じる声、ちょっと来い馬鹿野郎という呼び出し、役に立たないんだったら草むしりでもしてろというご指導。一息つくヒマもなく届き続けるメール、封を切る時間すらなく溜まり続ける書類、「もう辞めたいんです」といってくる女性アシスタント。社会人になって、ぼくはこういう職場で仕事をはじめた。

そこでいろんな経験をした。取引先の役員から生意気だと大声で怒られたこと。無理いうなら帰れ、と香港企業の社長から追い返されたこと。納期遅延の責任を追及したら「うるせえんだお前は」と逆ギレされたこと。平日だけでは足りず土日もずっと仕事をしたこと。取引先の工場で風邪を引きながら生産完了を待ち続けたこと。あのひとにはとてもついていけません、と上司に告げ口があったこと。お前がいたら安心だ、すべて任せたぞ、と他部門の課長が酒席でぼくの肩を叩き続けたこと。ぼくが会社を辞めるとき、親子くらい歳の離れた先輩が泣いてくれたこと。なんだよ勝手にいなくなるなよ、と退職したあと、多くのひとが飲みに誘ってくれたこと。馬鹿野郎、ほんとうに、退職なんて決断する前に相談してくれよ、と深夜2時に元上司から頭を小突かれたこと。そして、そのあとに涙を浮かべた元上司と固い握手をしたこと――。

仕事をいかに型にはめたり、型を作ったりするか。本書で書いたのは、いわゆる〝仕事術〟だった。ノウハウを伝えるビジネス書は、ページに制限があり、著者が経験した苦悩や葛藤や、またそれゆえの喜びや愉しさを伝えられない。だけど、ぼくが仕事術を模索したり、創りあげたりしたのは、喜びや愉しさだけではなく、ときに苦悩や葛藤もふくめて、仕事なるものに、なぜか強烈な興味があったからだ。

ぼくは中学生くらいから多くの書籍を読んできた。社会人になると、必然的にビジネス書を多く手に取った。しかし、そのときの不満は、ぼくがやっていた資材係にまつわる書籍がほとんどなかったことだ。少しはあった。ただし、それらにリアリティとか実用性を感じられなかった。だから、ぼくは自分で教科書を作るしかなかった。そして、仕事がうまくいく答えは、目の前にあるのではないか、とぼくはなぜか確信していた。ＩＣレコーダーを片手に仕事を分析したのは本書に書いたとおりだ。

述べたとおりぼくは、もともと、製造業に就職した。そしてたまたま電機メーカーに入社した。細かな分析を身につけざるをえなかったのは、職業ゆえだったかもしれない。ぼくは、その迷路を、手探りしながらなんとか歩きはじめた。その出口に導いてくれる攻法を探した。そして、知識の広大さを知りたいと願い、それにともなう喜びの深さも知りたいと願っていた。

くだらないと思う仕事でも、意外に奥が深いと気づく。自分の悩みにぴったりはまる答えを提示してくれる書籍だとか、セミナーだとか、講演だとか、講義だとかは、たぶんない。でも、みずからの仕事を分析してみずから考えるクセをつければ、いろいろ応用が利く。


そこで、ここで、「あとがき」の型をひとつやぶっておこう。「あとがき」で、お世話になったひとたちを列挙するひとがたくさんいる。でも、ぼくには、公的な場で私的なお礼をするのが、どうも礼節を欠いた行為に思えてしまう。お礼をするのなら、それが公的な意味をなす場合に限るべきだろう。

その意味で、ここでは幻冬舎の竹村優子さんを紹介するにとどめる。なぜなら、本書の文章術やらは、そもそも竹村さんとの会話のなかで生まれてきたものだからだ。いわば、謝辞の対象ではなく、もうひとりの著者だといっていい。編集者といっても多くが原稿をそのまま使用するなかで、原稿に細かな感想をいただき、細かな修正を繰り返す姿勢は、まさに本書に適したひとだった、と思う。ぼくはこれまで25冊、専門領域のことしか書いてこなかったため、仕事術のたぐいはデビュー作となる。

仕事っていうのは、ただただ右から左に書類を流すものではなく、慣れに頼ってルーチンをこなすものでもなく、そのときの自分のすべてを総動員しながら、無数の仮説を立てて検証と失敗を繰り返すことで、よりよい状態を志す姿勢そのものじゃないか、とぼくは思うんだ。もちろん、仕事術は必要だけれど、最後にひとを動かすのはきっと、そのひとから伝わってくる熱量なんだとも、ぼくは思う。その意味で、これまで読んでいただいた文章のなかから、ぼくの熱量を感じていただけていると、うれしいし、ありがたい。自分なりの仕事術を使って仕事を改善しようと努めれば、きっと仕事は改善していく。そして、その改善自体が愉悦をもたらす。そしてその愉悦がさらに新たなノウハウを発見するちからになるだろう。

そしてぼくたちは、どんな仕事であっても、その仕事を通じて愉悦を感じ、その仕事を通じて会社や社会に貢献できる。

よりよく生きようとするすべてのひとへ。

2015年3月　坂口孝則　拝

**坂口孝則**（さかぐち・たかのり）

調達・購買コンサルタント／未来調達研究所株式会社取締役／講演家。２００１年、大阪大学経済学部卒業。電機メーカー、自動車メーカーに勤務。原価企画、調達・購買、資材部門に従業。２０１２年、未来調達研究所株式会社取締役就任。製造業を中心としたコンサルティングを行う。またコンサルティングで使用していた数百ページの資料が話題となり、企業内研修も行う。各メディアで、商品原価、サプライチェーン、ビジネスモデルなどの発信を行う。ホームページ「未来調達研究所株式会社」で無料配布している調達業務教材は、当領域１万人に読まれている。テレビのコメンテーターとしても活躍。著書に『牛丼一杯の儲けは９円』『営業と詐欺のあいだ』『１円家電のカラクリ　０円iPhoneの正体』（以上、幻冬舎新書）、『調達・購買の教科書』（日刊工業新聞社）、『モチベーションで仕事はできない』（ベストセラーズ）などがある。

ブックデザイン　桑山慧人（prigraphics）

# 仕事の速い人は150字で資料を作り3分でプレゼンする。
## 「計って」「数えて」「記録する」業務分析術

２０１５年４月10日　第１刷発行

著者　坂口孝則

発行者　見城 徹

発行所　株式会社　幻冬舎
〒１５１－００５１　東京都渋谷区千駄ヶ谷４－９－７
電話０３－５４１１－６２１１（編集）
　　０３－５４１１－６２２２（営業）
振替００１２０－８－７６７６４３

検印廃止

印刷・製本　中央精版印刷株式会社



Printed in Japan
ISBN 978-4-344-02750-3 C0095

幻冬舎ホームページアドレス　http://www.gentosha.co.jp/

この本に関するご意見・ご感想をメールでお寄せいただく場合は、
comment@gentosha.co.jp まで。